学生必知的世界未解之谜

SHIJIEWEIJIEZHIMI

徐井才◎主编

优秀学生必读必知丛书

★ ★ ★

YOUXIUXUESHENG BIDUBIZHICONGSHU

新 华 出 版 社

图书在版编目（CIP）数据
学生必知的世界未解之谜/徐井才主编.
—北京：新华出版社，2013.1（2023.3重印）
（优秀学生必读必知丛书）
ISBN 978-7-5166-0334-5-01
Ⅰ.①学… Ⅱ.徐… Ⅲ.①科学知识—少儿读物 Ⅳ.①Z228.1
中国版本图书馆 CIP 数据核字（2013）第016167号

学生必知的世界未解之谜
主 编：徐井才

封面设计：睿莎浩影文化传媒 责任编辑：张永杰

出版发行：新华出版社
地 址：北京石景山区京原路8号 邮 编：100040
网 址：http://www.xinhuapub.com
经 销：新华书店
购书热线：010-63077122 中国新闻书店购书热线：010-63072012

照 排：北京东方视点数据技术有限公司
印 刷：永清县晔盛亚胶印有限公司

成品尺寸：165mm×230mm
印 张：11.5 字 数：188千字
版 次：2013年3月第一版 印 次：2023年3月第三次印刷
书 号：ISBN 978-7-5166-0334-5-01
定 价：34.50元

目录

CONTENTS

第一章 小学生最感兴趣的世界十大未解之谜

一、泰坦尼克号沉没之谜 /2

二、尼斯湖水怪之谜 /4

三、秦始皇兵马俑之谜 /6

四、UFO之谜 /8

五、韩国客机坠落之谜 /11

六、人体自燃之谜 /12

七、奇迹之谜 /14

第二章 小学生不能不知道的上古世界七大奇迹之谜

一、埃及金字塔 /16

二、巴比伦空中花园 /18

三、亚历山大灯塔 /20

四、摩索拉斯陵墓 /21

五、阿尔忒弥斯神庙 /23

六、宙斯神像 /25

七、罗德岛太阳神巨像 /27

第三章 本世纪最有希望解开的十大科学谜题

一、时间是一种幻觉吗 /30

二、受精卵如何变成人 /31

三、为什么我们需要睡眠 /32

四、为什么安慰剂会起作用 /33

五、森林是减缓还是加速全球变暖 /35
六、生命从何而来 /36
七、冰河时代是如何出现的 /38
八、为什么一些疾病会流行起来 /39
九、为什么我们会死亡 /40
十、为什么不能十分准确地预报天气 /41

第四章 宇宙之谜

宇宙是否有尽头 /44
宇宙的年龄 /46
宇宙是怎样产生的 /47
恒星的奥秘 /48
天狼星与金字塔 /50
宇宙长城 /51
星云种类知多少 /53
类星体究竟是什么 /55
时光能倒流吗 /56
吞噬一切的黑洞 /58
外星人是否存在 /60
外星人是什么模样 /63
文明古国的 UFO /65
来自外星的信号 /67

第五章 自然之谜

恐怖的死亡谷 /70
沙漠中的“魔鬼城” /72
赤道巨足是如何出现的 /73
渤海古陆大平原可否再现 /74
地震为何多在夜间发生 /76
火山的魔力 /78
无名之火的奥秘 /79
日本富士山还会再喷发吗 /80
阿苏伊尔幽谷中的谜团 /82
为什么赤道会有雪山存在 /84
东非大裂谷的未来 /85
踩在“火球”上的冰岛 /87
科罗拉多大峡谷 /88

第六章 气象之谜

为什么会有彩雪 /92
奇怪的冰块究竟从何而来 /93
“温室效应”的争议 /94
神秘之雨的迷惑 /97
在空中飘荡的“幽灵” /98
龙卷风为什么有如此神奇的威力 /101
黑色闪电的奥秘 /103
多雾之谜 /104
为什么天空会呈现不同的颜色 /106
氧气无穷无尽吗 /108
为什么说臭氧层是地球的“保护伞” /109

第七章 动物之谜

恐龙是恒温动物还是变温动物 /112
是植物杀害了恐龙吗 /114
为什么有的爬行动物没有灭绝 /115
候鸟为什么随季节迁飞 /117
凤凰的原型是什么动物 /118
不怕烫的鱼和老鼠 /120
老鼠为什么灭不尽 /121
这些动物为何要画圈儿 /122
非洲象吞吃岩石之谜 /124
大象死后之谜 /125
会飞的狗 /127
靠鼻子行走的奇异动物 /128
会上树的鸭子 /129
“蛇坟”之谜 /130
鲸鱼自杀之谜 /131
海豚睡眠之谜 /134
蜜蜂为何具有卓越的建筑技巧 /136
奇特的蛙会 /137
“蚁塔”之谜 /138
龟的长寿之谜 /140
鹦鹉学舌的秘密 /143

第八章 植物之谜

陆地上最早的植物是什么 /146

种子的寿命有多长 /148

无籽瓜果是怎么来的 /149

植物神秘的心灵感应 /151

植物为什么会被“绞杀” /154

植物缠绕方向之谜 /155

植物也能“作证”吗 /157

奇异的植物繁殖 /158

独木能否成林 /160

铁树真的要千年才开花吗 /162

树木越冬之谜 /163

树木生存的奥秘 /165

年轮之谜 /168

蝴蝶树之谜 /170

“风流草”为何会跳舞 /171

死而复生的草 /173

会捕猎的草 /174

能识别酸碱的植物 /177

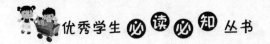

第一章

小学生最感兴趣的世界七大未解之谜

一、泰坦尼克号沉没之谜

1912年4月12日，著名的英国豪华客轮泰坦尼克号在驶往纽约的处女航行中不幸沉没。这次沉船事件致使1523人葬身鱼腹，是人类航海史上最大的灾难，震惊世界。这么多年来，泰坦尼克号沉没的真正原因，一直是人们探索的焦点。

较为公认的说法是：船体被迎面漂来的冰山撞开了约92米长的裂缝，船舱进水后很快沉入了大西洋。但是，1996年一个全新的说法打破了这种广受认同的说法。一支考察队的探测结果表明，泰坦尼克号并不是被迎面漂来的大冰山撞开

yí ge dà liè kǒu ér chén mò de ér shì
一个大裂口而沉没的，而是
yǒu chù xiǎo shāng kǒu zǒng de sǔn huài
有6处小“伤口”，总的损坏
miàn jī jǐn yǒu mǐ mǐ dāng shí
面积仅有3.7米—4米。当时
de rén men hěn nán jiē shòu zhè yàng yí ge shì
的人们很难接受这样一个事
shí yì sōu rú cǐ jīng liáng de jù lún zhǐ
实：一艘如此精良的巨轮，只
zhuàng le gè xiǎo dòng jiù chén mò le
撞了6个小洞就沉没了？

nián yīng guó de liǎng wèi xué zhě zài jiē shòu yīng guó diàn shì tái cǎi fǎng shí chēng
2004年，英国的两位学者在接受英国电视台采访时称——
tài tǎn ní kè hào chén mò bìng bú shì yīn wèi tiān zāi ér shì rén huò tā men rèn wéi yóu
泰坦尼克号沉没并不是因为天灾，而是人祸！他们认为，由
yú tài tǎn ní kè hào de zǐ mèi chuán ào lín pǐ kè hào zhī qián fā shēng yán zhòng pèng zhuàng ér bǎo
于泰坦尼克号的姊妹船奥林匹克号之前发生严重碰撞，而保
xiǎn gōng sī jù jué péi cháng tā men suǒ tóng shǔ de bái xīng lún chuán gōng sī zài dāng shí chǔ yú yán
险公司拒绝赔偿，他们所同属的白星轮船公司在当时处于严
zhòng de cái wù wēi jī dāng zhōng ér rú guǒ tài tǎn ní kè hào bù néng àn shí qǐ háng nà me
重的财务危机当中。而如果泰坦尼克号不能按时起航，那么
bái xīng lún chuán gōng sī jiāng miàn lín pò chǎn yú shì bái xīng lún chuán gōng sī jué dìng bǎ yǐ jīng sǔn
白星轮船公司将面临破产。于是白星轮船公司决定把已经损
huài de ào lín pǐ kè hào wěi zhuāng chéng tài tǎn ní kè hào bìng ān pái le nà cháng hǎi nàn lái piàn
坏的奥林匹克号伪装成泰坦尼克号，并安排了那场海难来骗
qǔ yì bǐ jù é de bǎo xiǎn jīn
取一笔巨额的保险金。

hěn duō rén duì zhè zhǒng shuō fǎ chī zhī yǐ bí dàn shì zhè zhǒng shuō fǎ de zhèng jù què
很多人对这种说法嗤之以鼻，但是，这种说法的证据却
hěn yǒu lì dì yī tài tǎn ní kè hào céng jīng tū rán gǎi biàn háng xiàn kě néng shì wèi le
很有力：第一，泰坦尼克号曾经突然改变航线，可能是为了
yǔ ào lín pǐ kè hào jìn xíng huì hé dì èr zāo yù bīng shān hòu yǒu rén kàn jiàn dà fù
与奥林匹克号进行会合；第二，遭遇冰山后，有人看见大副
mò duō kè pǎo dào gāo gāo de chuán qiáo shàng miàn kě néng shì wèi le xún zhǎo ào lín pǐ kè hào de
默多克跑到高高的船桥上面，可能是为了寻找奥林匹克号的
zōng jì dì sān hòu lái de diào chá bào gào xiǎn shì zài chuán yuán de chuán cāng li jìng rán méi
踪迹；第三，后来的调查报告显示，在船员的船舱里竟然没
yǒu yí ge shuāng tǒng wàng yuǎn jìng zhè yì wèi zhe jiān wàng yuán hěn nán jí shí fā xiàn bīng shān
有一个双筒望远镜，这意味着监望员很难及时发现冰山……

二、尼斯湖水怪之谜

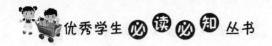

尼斯湖位于英国苏格兰高原北部，湖长39公里，宽2.4公里，平均深度达200米，最深293米。该湖终年不冻，两岸陡峭，树林茂密。湖的北端有河流与大西洋北海相通。

关于尼斯湖水怪的最早记载是公元565年，爱尔兰传教士圣哥伦伯和仆人在湖中游泳，水怪突然向仆人袭来，多亏传教士及时相救，仆人才保住性命。自此以后的十多个世纪里，有关水怪出现的消息多达一万多宗，但人们认为这不过是无稽之谈。直到1934年4月，伦敦医生威尔逊偶然中用相机拍下了水怪的照片：长长的脖子和扁小的头部，看上去完全不像任何一种的水生动物，却很像早在七千多万年前灭绝的巨大爬行动物蛇颈龙。

这张照片刊出后，很快就引起了举世轰动。1960年4月，英国航空工程师丁斯德在尼斯湖拍了五十多英尺的影片，影片虽较

cū cāo dàn fàng yìng shí réng kě míng xiǎn kàn
粗糙，但放映时仍可明显看
dào yí ge hēi sè cháng jǐng de jù xíng shēng
到一个黑色长颈的巨形生
wù yóu guò ní sī hú yǒu xiē yuán lái duì
物游过尼斯湖。有些原来对
cǐ chí fǒu dìng tài dù de kē xué jiā kàn
此持否定态度的科学家，看
le yǐng piān hòu yě gǎi biàn le kàn fǎ huáng
了影片后也改变了看法。皇
jiā kōng jūn lián hé kōng zhōng zhēn chá qíng bào
家空军联合空中侦察情报
zhōng xīn fēn xī yǐng piān dé chū de jié lùn shì nà dōng xī dà gài shì shēng wù
中心分析影片得出的结论是：那东西大概是生物。

jìn rù shì jì nián dài kē xué jiā men kāi shǐ jiè zhù xiān jìn de yí qì shè
进入 20 世纪 70 年代，科学家们开始借助先进的仪器设
bèi dà jǔ sōu suǒ shuǐ guài nián yuè měi guó bō shì dùn xué yuàn lì yòng shuǐ xià
备，大举搜索水怪。1972 年 8 月，美国波士顿学院利用水下
shè yǐng jī hé shēng nà yí zài ní sī hú zhōng pāi xià yì fú zhào piān xiǎn shì yǒu yí ge liǎng mǐ
摄影机和声纳仪，在尼斯湖中拍下一幅照片显示有一个两米
cháng de líng xíng qí zhuàng zhī fù zài fù jiā yí jù dà de shēng wù tǐ shang tóng shí shēng nà yí
长的菱形鳍状肢附在附加一巨大的生物体上；同时声纳仪
yě fā xiàn yǒu jù dà wù tǐ zài hú zhōng yí dòng nián yuè gāi yuàn zài cì pài kǎo
也发现有巨大物体在湖中移动。1975 年 6 月，该院再次派考
chá duì dào ní sī hú pāi xià le gèng duō de zhào piān bìng dé chū jié lùn ní sī hú zhōng què
察队到尼斯湖，拍下了更多的照片并得出结论：尼斯湖中确
yǒu yì zhǒng dà xíng de wèi zhī shuǐ shēng dòng wù
有一种大型的未知水生动物。

zhè liǎng cì de fā xiàn hōng dòng yì shí shǐ rén gǎn dào shuǐ guài zhī mí hěn kuài jiù yào jiē
这两次的发现轰动一时，使人感到水怪之谜很快就要揭
kāi le cǐ hòu yīng měi lián hé zǔ zhī le dà xíng kǎo chá duì pài sōu kǎo chá chuán lā wǎng
开了。此后英美联合组织了大型考察队，派 24 艘考察船拉网
shì de shǐ guò ní sī hú qǐ tú jiāng shuǐ guài yì jǔ bǔ huò dàn yì wú suǒ huò
式地驶过尼斯湖，企图将水怪一举捕获。但一无所获。

zhǐ yào méi yǒu zhēn zhèng zhǎo dào shuǐ guài zhè ge mí jiù méi yǒu jiē kāi zhí dào xiàn zài
只要没有真正找到水怪，这个谜就没有揭开。直到现在，
rén men duì yú shuǐ guài shì fǒu cún zài réng rán zhēng lùn bù xiū shuí yě bù néng wàng xià jié lùn
人们对于水怪是否存在仍然争论不休，谁也不能妄下结论。
ér ní sī hú shuǐ fēi cháng hún zhuó néng jiàn dù bù zú yì mǐ hú dǐ dì xíng fù zá shǐ
而尼斯湖水非常混浊，能见度不足一米；湖底地形复杂，使

得体形巨大的水生动物也很容易避过电子仪器的侦察；湖中鱼类繁多，水怪不必外出觅食；尼斯湖又与海相通，水怪出入方便，因此，想要捕获水怪，谈何容易。

三、秦始皇兵马俑之谜

秦始皇陵位于距西安市30多千米的临潼县城以东的骊山脚下。陵园总面积为56.25平方公里。陵园中殉葬的兵马俑被誉为“世界第八大奇迹”，“20世纪考古史上的伟大发现之一”。

秦始皇兵马俑奇在“大、多、真”。兵马俑和真人真马一样大，而其他地方出土的陶俑比较小，多为二三十厘米，大的不过七八十厘米；再一个是“多”，总数达八千余件，千军万马一个兵团出来，浩浩荡荡大气磅礴；另外，真实的千人千面，好像是活生生的一个军队在那个地方。三者统一起来，使得秦始皇兵马俑成为东方艺术中的一颗耀眼明

珠，是雕塑艺术史上第一个成功的典范。

这个典范是无数陶工所创造的。在发掘或修复陶俑的过程中，在陶俑身上发现有很多工匠的名字，谁做的刻谁的名字，有的是用印章按到上面的，一般是在腋下、臀部等隐蔽的地方。目前已经发现87个不同的人名，他们下面还有一些助手，如果1个老师傅带10个徒弟的话，那么大概就有千人参加了兵马俑的制作。如此大的规模在世界雕塑艺术史上都是非常罕见的。

雕塑风干后放进窑里用950至1050度的高温烧，出窑以后再彩绘。秦俑大概花了10年左右的时间烧成。

秦俑有显著的写实艺术风格。和真人一样大小的陶俑、陶马排列有序，整整齐齐极像一个庞大的地下军统，气势恢宏，令人震撼。从局部来看，每一件陶俑都是经过精心的雕琢，力求模于真实。

同时，兵马俑坑里面发现的兵器达到十万多件，兵器的种类很多，如戈、矛、剑等，这些基本上都是青铜的，铸造成型后加以细加工形成的。秦俑坑出土的青铜剑非常锋利，

它的刃部是经过锉磨抛光的，锉磨的痕迹是平行的，一条一条平行的，没有交错。很多专家得出一个结论，在锉磨的时候借助了一定的机械。一定有简单的车床，这是金属加工史上一个非常重要的发现。

四、UFO之谜

UFO即“不明飞行物”。上世纪最后几十年是一个盛传UFO的时代。各地都有关于发现不明飞行物的记载，但人们都没有办法拿出铁证来证明他们所见的东西就是承载外星人的飞行器。但是一份由美国国防情报处公布的绝密文件却让人们几乎无法反驳。

1976年9月19日凌晨，一架伊朗截击机在位于德黑兰以北大约40海里的空中遭遇不明飞行物。由于这个不明飞行物所闪出的光非常强烈，所以，在70海里以外，它也能被看得一清二楚。当这架飞机向这个不明飞行物靠近到20海里时，该飞机上的报话系统和监控设备突然失灵。这时，飞行员不得不返回沙罗奇基地。当飞行员刚刚把飞机的头掉过来，飞机舱内的监控设备和信号系统的功能不但一下子恢复了，而且刚才那种发动机突然熄火的危险也消失了。十分钟后第二架战斗机升空。当这架飞机位于德黑兰以北27海里、高度为150海里的空中时，飞机的雷达屏上开始出现不明飞行物的踪迹。

这架不明飞行物的体积，大约同一架波音 707 的规模相仿。由于这架不明飞行物发出的光线非常强烈，因此，难以对它的体积做出准确判断。当这两架截击机把这一不明飞行

物追踪到德黑兰以南的空中时，它的体内突然一下子飞出另外一个光闪闪的飞行体。这个刚飞出来的飞行体大约有天空中圆月的三分之一甚至一半大小。接着，这个刚刚分离出母体的小的不明飞行物以极高的速度朝两架截击机冲了过来。其中的一位飞行员企图对它发射空中截击火箭，但是这时机舱内火箭发射的控制系统失灵，报话机也没有信号了。就在这时，这位飞行员迅速仰身把飞机拉了一个高弧，试图甩掉那个不明飞行物。就在这位飞行员仰升俯冲企图摆脱跟踪时，那个从不明飞行物母体中分离出来的4第二架小的不明飞行物，它一直处在该架飞机在空中划出的弧圈之内。过了一会儿，那架小的不明飞行物朝母体飞去，并且合二为一了。

第二天天刚亮，一架直升机便载着那两位截击机的飞行员，把他们带到昨天夜里那架小的不明飞行物极可能降落的地方。在那里，除了发现一段被怀疑有可能是那个不明飞行物着陆点的枯水河床外，他们再没有发现其他与之有关的东西。

五、韩国客机坠落之谜

一架从汉城飞往关岛的韩国大韩航空公司的波音747客机，于当地时间1997年8月6日凌晨，在关岛国际机场附近坠毁，200多人遇难。

当时天降暴雨，大气恶劣，飞机在飞临关岛国际机场约5公里处时，突然从雷达屏幕上消失，并与地面指挥塔失去了联系。据目击者说，飞机带着火团坠入机场附近的密林中，并听到了爆炸声。

经过17个小时的紧张工作，美国营救人员从在关岛坠毁的韩国客机残骸中和出事地点附近找到了约70具遇难者尸体。大韩航空公司说，机上254人中有29人生还，其中4名为乘务人员。美国国家运输安全局派出专门调查小组前往现场调查事故原因。失事客机上的两个“黑匣子”也已找到并被送往华盛顿进行分析。

韩国和美国有关方面的负责人对大韩航空公司飞机失事的原因各执一词。

韩方强调说，关岛机场的导航装置当时处于故障状态，机场指挥塔的值班人员也不是美国联邦航空局的职员，此外

当时天气异常，最终导致飞机失事。而美方认为，导航装置的故障不应该影响飞机的正常降落，并质问韩方为何用已经飞行了13年的波音747包机替换在这条航线上正常飞行的空中客机。而波音飞机制造公司说，他们的产品只有百万分之一点七八的事故率。

一般情况下，当飞机飞行接近地面时，机场雷达系统会发出警报，地面指挥人员会及时提醒飞行员。但调查发现，由于软件问题，雷达未发现韩国飞机接近地面的情况，因此飞行员在飞机坠毁前未接到地面指挥塔的警告。

此外，关岛机场引导飞机着陆的导航系统，在飞机出事前很长一段时间内已经停止使用；当飞机接近关岛机场时关岛正降暴雨，这些都是调查人员研究飞机事故的可能因素。

六、人体自燃之谜

所谓人体自燃现象，是指一个人的身体未与外界火种接触而自行地着火燃烧。这种不可思议的现象，最早出见于17世纪的医疗报告中。至20世纪，共有200多起这样事件发生。

19世纪初，有些人认为这种灾难只会降临到那些过度酗酒、肥胖和独居的妇女身上。可是后来的众多事例证明，受害人性别男女数目大致相等，年龄从婴孩到114岁各种年龄段都有，而且有好多例是在毫无火源的地方自行无故燃烧的。

早期最有充分证据证明人体自燃的事件之一是由巴托林在1673年做的记录。那次是巴黎一个贫苦妇女，一天晚上回家上床睡觉后，夜里自燃而死。次日早晨，人们发现她只有头部和手指遗留下来，身体其他部位都燃烧为灰烬。根据这次自燃事件，法国人雷尔在1800年发表了第一篇关于人体自燃的论文。

以后不长的时间内，法国、英国、意大利都有过人体自燃现象引起轰动的实例。最近一次比较有影响的是1976年12月27日，由《阿尔利亚先驱报》报道的拉歌斯市一户七口之家，有六个成员烧死，成为当时最难解释的谜。报道说：“现场调查显示该木房一切物件完好无损，连被褥也整齐地放在床

上，但从死者的焚烧严重程度来看，房中的一切应荡然无存。”

尽管好多警察、消防队、纵火案件专家、病理学家都提出了不少证据，但目前还没有一个合理的生理学论据来证明人体何以自燃甚至化为灰烬。按照常规来讲，人体的器官组织和骨骼只有在摄氏900—1000度的高压火葬场中，才有可能烧成灰烬，而自行燃烧的确不可思议。此外有人提出其他自燃因素，如流星、闪电、体内原子爆炸、激光束、地磁能量等，但这些在什么样的条件下才能发挥作用，形成自燃，则没有解释。总之，人体自燃现象目前仍是一个难解之谜。

七、奇迹之谜

奇迹之谜是指埃及金字塔之谜、巴比伦空中花园之谜、亚历山大灯塔之谜、摩索拉斯陵墓之谜、阿尔忒弥斯神庙之谜、宙斯神像之谜以及罗德岛太阳神巨像之谜。详细内容见第二章。

第二章

小学生不能不知道的上古世界七大奇迹之谜

一、埃及金字塔

埃及金字塔是现在仅存的上古世界七大奇迹之一。

埃及金字塔建于4500年前，是古埃及法老和王后的陵墓。陵墓是用巨大石块修砌而成的方锥形建筑，因形似汉字“金”字，故译作“金字塔”。埃及迄今已发现大大小小的金字塔110座，大多建于埃及古王朝时期。埃及已发现的金字塔中，最大最有名的是大金字塔，即胡夫金字塔。

大金字塔位于开罗西南面的吉萨高地上，与其周围众多

的小金字塔形成金字塔群，是埃及金字塔建筑艺术的顶峰。

它建于埃及第四王朝第二位法老胡夫统治时期（约公元前2670年），原高146.59米，因顶端剥落，现高136.5米，塔的四个斜面正对东南西北四个方向，塔基呈正方形，每边长约230多米，占地面积约5.3万平方米。塔身由230万块巨石组成，它们大小不一，分别重达1.5吨至160吨，平均重约2.5吨。

金字塔内部

据考证，大金字塔全都是由人工建成。为建成大金字塔，一共动用了10万人，花了20年时间。大金字塔最令人吃惊的地方，是方位的测定之准确：底部四边几乎是正北、正南、正东、正西，误差少于1度，这样准确的方位绝不是偶然定出来的。古代埃及人如何雕刻坎石及砌成陵墓？陵墓内部通道和陵室的布局宛如迷宫，古代埃及人是用什么方法建成的呢？这些问题至今还是众说纷纭，没有研究清楚。

二、巴比伦空中花园

巴比伦空中花园又称悬园，是上古世界七大奇迹之一。它是公元前6世纪巴比伦国王在巴比伦城为其患思乡病的王妃修建的，现已不存在。空中花园据说采用立体造园手法，将花园放在四层平台之上，由沥青及砖块建成，平台由25米高的柱子支撑，并且有灌溉系统，奴隶不停地推动连系着齿轮的把手。园中种植各种花草树木，远看犹如花园悬在半空中。在巴比伦文献中，空中花园仅是一个谜，几乎很少被提及。

巴比伦空中花园最令人称奇的地方是那个供水系统，因为巴比伦雨水不多，而空中花园的遗址又远离河流，所以人们认为空中花园应有不少的输水设备，奴隶不停地推动连系着齿轮的把手，把地下水运到最高一层的储水池，再经人工河流返回地面。

另一个难题，是在保养方面，因为一般的建筑物，要长年经受河水的侵蚀而不倒塌是不可能的，由于美索不达米亚平原没有太多石块，因此空中花园所用的砖块是与众不同的，它们被加入了芦苇、沥青及瓦砾，更有文献指出石块被加入了一层铅，以防止河水渗入地基。

直到19世纪末，德国考古学家发掘出巴比伦城的遗址。他们在发掘南宫苑时，在东北角挖掘出一个不寻常的、半地下的、近似长方形的建筑物，面积约1260平方米。这个建筑物由两排小屋组成，每个小屋平均只有6.6平方米。两排小屋由一条走廊分开，对称布局，周围被高而宽厚的围墙所环绕。西边那排的一间小屋中发现了一口开了三个水槽的水井，一个是正方形的，两个是椭圆形的。根据考古学家的分析，这些小屋可能是原来的水房，那些水槽则是用来安装压水机的。因此，考古学家认为这个地方很可能就是传说中的“空中花园”的遗址。

三、亚历山大灯塔

世界公认的上古世界七大奇迹有两个在埃及，除了名列七大奇迹之首的吉萨金字塔，另一个就是名列第七位的亚历山大灯塔。

亚历山大灯塔的遗址在埃及亚历山大城边的法洛斯岛上。它不带有任何宗教色彩，纯粹是为了人民实际生活而建，是当时世界上最高的建筑物。公元前330年，马其顿国王亚历山大大帝攻占了埃及，并在尼罗河三角洲西北端即地中海南岸，建立了一座以他名字命名的城市。这是一座战略地位十分重要的城市，在以后的100年间，它成了埃及的首都，是世界上最繁华的城市之一，而且也是整个地中海世界和中东地区最大、最重要的一个国际转运港。

亚历山大灯塔高120米，加上塔基约135米。塔楼由三层组成：第一层是方形结构，高60米，里面有300多个大小不等的房间，用来作燃料库、机房和工作人员的寝室；第二层是八角形结构，高15米；第三层是圆形结构，上面用8米高的8根石柱围绕在圆顶灯楼。灯楼上面，矗立着8米高的太

yángshén qīng tóng diāo xiàng zhěng zuò dēng tǎ dōu shì
阳神青铜雕像。整座灯塔都是
yòng huā gāng shí hé tóng děng cái liào jiàn zhù ér chéng
用花岗石和铜等材料建筑而成，
dēng de rán liào shì gǎn lǎn yóu hé mù cái zhěng
灯的燃料是橄榄油和木材。整
ge dēng tǎ de miàn jī yuē píng fāng mǐ zhè
个灯塔的面积约930平方米。这
zuò wú yǔ lún bǐ de dēng tǎ yè yè dēng huǒ
座无与伦比的灯塔，夜夜灯火
tōng míng jīng jīng yè yè de wèi rù gǎng chuán zhī
通明，兢兢业业地为入港船只
dǎo háng tā gěi duò shǒu dài lái le yì zhǒng ān
导航，它给舵手带来了一种安
quán gǎn
全感。

gōngyuán nián yà lì shān dà fā
公元700年，亚历山大发
shēng dì zhèn dēng tǎ tān tā bèi huǐ nián dēng tǎ xiū fù nián dēng tǎ zài
生地震，灯塔坍塌被毁。880年，灯塔修复。1100年，灯塔再
cì zāo qiáng liè dì zhèn jǐn cán cún xià miàn dì yī bù fen dēng tǎ shī qù le wǎng rì de zuò
次遭强烈地震，仅残存下面第一部分，灯塔失去了往日的作
yòng chéng le yí zuò liào wàng tái zài tái shang xiū jiàn le yí zuò qīng zhēn sì nián hé
用，成了一座瞭望台，在台上修建了一座清真寺。1301年和
nián de liǎng cì dì zhèn zhì shǐ dēng tǎ quán huǐ
1435年的两次地震，致使灯塔全毁。

sì mó suǒ lā sī líng mù
四、摩索拉斯陵墓

mó suǒ lā sī líng mù wèi yú tǔ ěr qí de xī nán fāng de hā lì kǎ nà sù sī dǐ
摩索拉斯陵墓位于土耳其的西南方的哈利卡纳素斯，底
bù jiàn zhù wéi cháng fāng xíng cháng mǐ kuān mǐ gāo mǐ shàng mian shì yí ge
部建筑为长方形，长40米，宽30米，高45米，上面是一个
yóu gēn zhù zi gòu chéng de ài ào ní yà shì lián gǒng láng gāo mǐ gǒng láng shang shì
由36根柱子构成的爱奥尼亚式连拱廊，高11米；拱廊上是

一层金字塔形的屋顶，是由规则的24级台阶构成的，其中墩座墙高20米，柱高12米，上部的金字塔高7米，最顶部的马车雕像高6米，建筑物被墩座墙围住，旁边以石像作装饰。顶部的雕像是四匹马拉着一架古代战车。

摩索拉斯陵墓是为摩索拉斯和他的妻子修建的，由两名希腊设计师设计，外面装饰以奇异的雕刻花纹。陵墓刚一建成就声名远播。此陵墓著名之处除了它的建筑外，还有那些雕塑。摩索拉斯陵墓的雕塑由四名当时著名的雕刻家制造。每人负责陵墓的其中一边。

这座古代的建筑奇观如今只剩下些许残垣断壁，大部分碎片都被收藏在伦敦不列颠博物馆。在15世纪初哈利卡纳素斯被侵占，新的统治者为了建一座巨大的城堡，在1494年将毛索洛斯墓庙的一些石头用作建筑材料。自从19世纪开始，摩索拉斯墓庙一直

在进行考古学的挖掘，这些挖掘提供了不少有关毛索洛斯墓庙的资料，令我们对摩索拉斯墓庙的形状和外观有更多的认识。但是时至今日，关于摩索拉斯陵墓的情况，人们了解的仍然非常有限。

五、阿尔忒弥斯神庙

阿尔忒弥斯神庙位于土尔其的以弗所，濒临爱琴海，是土尔其著名古代建筑遗迹，上古世界七大奇迹之一。阿尔忒弥斯神庙是古希腊最大的神庙，其规模超过了雅典卫城的帕台农神庙，也是最早完全用大理石兴建的建筑之一。它以壮丽辉煌的建筑风格和规模巨大而跻身于“上古世界七大奇迹”之列。

神庙大约在公元前652年初建，当时采用的是木结构。第二次修建时，采用石料建筑。第三次重建于公元前570年，共花了10年时间。当时聘请了著名的古希腊建筑师，建造出了古代亚洲的第一个爱奥尼亚式石柱庙宇。公元前550年，吕底亚国王克勒索斯再次进行修建，断断续续地进行了100多年才完成。第三、第四次修建奠定了神庙的规模，使其从此闻名遐迩。

阿尔忒弥斯神庙是一座长方形的白色大理石建筑，长125米，宽60米，高25米，占地面积6300多平方米。庙宇的回廊有137根圆柱，全用大理石雕成，每根圆柱高约20米，底部直径为1.6米，柱石千姿百态，整个建筑看上去俨然是一个廊柱之林，给人一种庄严、恬静、和谐的感觉。大理石圆柱的柱身下部均有形态各异的人物浮雕，造型优美，形态逼真，栩栩如生。柱顶盘由一个带有3个盘座面的框缘组成，盘座面上装饰着一排花边似的齿饰，在框缘上面是刻有四轮战车的浮雕，细致精巧，精美异常。神庙于公元前365年被焚毁，后在亚历山大国王的帮助下，按原建筑式样重建，更加富丽堂皇。在漫长的岁月中，阿尔忒弥斯神庙屡遭洗劫，变得满目疮痍。然而从现在残存的建筑物地基和石柱遗迹中，依然可以想见它当年的雄姿。

神庙遗址于1869年被发现，1982年土尔其考古学者在遗址3米深处发掘到上百件重要文物，其中有纯金妇女塑像，金、象牙制作的项链、耳环、手镯等饰物。陈列在以弗所博物馆内的阿尔忒弥斯神塑像，是一件价值连城的艺术瑰宝，神像比真人还高，面容慈祥，神情生动，形态逼真，雕刻艺术细腻传神，是世界上所发现的阿尔忒弥斯雕像中最古老、最完整的一个。

六、宙斯神像

宙斯神殿位于希腊雅典卫城东南面，是古希腊的宗教中心，其中的宙斯神像主体为木制，身体裸露在外的部分贴上象牙，衣服则覆以黄金。头顶戴着橄榄枝编织的皇冠，右手握着象牙及黄金制成的胜利女神像，左手则拿着一把镶有各种金属的权杖，杖顶停留着一只鹫。他的宝座，神像头上与头后，雕着“典雅三女神”和“季节三女神”雕像；腿和脚饰有舞动中的胜利女神与人头狮身的史芬克斯，神像约高13米，相当于四层楼高的现代建筑。神像身后挂着由耶路撒冷神庙劫掠得来的神圣布幔。菲迪亚斯更精密地规划四周变化，

油画《宙斯和肯淘洛斯》

包括由神庙大门射向雕像的光线，为了令神像的面容更为美丽光亮，便于神像前建造一座极大而浅、里面镶了黑色大理石的橄榄油池，利用橄榄油来反射光线。

神像昂然地接受人们的崇拜达九百多年，但最后被基督教结束一切。公元393年，罗马皇帝都路一世，毅然颁发禁止竞技的敕令，古代奥林匹克竞技大会也是在这一年终止的。接着，公元426年，又颁发了异教神庙破坏令，于是宙斯神像就遭到了破坏，菲迪斯亚的工作室亦被改为教堂，古希腊从此灰飞烟灭；神庙内倾颓的石柱更在公元522年及551年的地震中震垮，石材被拆，改建成抵御蛮族侵略的堡垒，随后奥林匹亚地区经常发洪水泛滥，整个城市埋没在很厚的淤泥下。所幸的是，神像在这之前已被运往君士坦丁堡，被路易西收藏于宫殿内达60年之久，可惜最后亦毁于城市暴动中。

七、罗德岛太阳神巨像

希腊罗德岛太阳神巨像是七大奇迹中最神秘的一个，这座巨像建在罗德市港口的入海处，它是希腊太阳神赫利俄斯的青铜铸像，高约33米。巨像铸造完工的56年后，其便被毁于一次地震中，考古学家甚至连它的确切位置及外观都未能确定。

罗德岛位于爱琴海最东部，与土耳其隔海相望。罗德岛巨像位于希腊罗德岛通往地中海的港口。这座巨像是希腊人的太阳神及他们的守护神赫利俄斯，由建筑师Chares设计，经过十二年的兴建，罗德岛巨像于公元前282年完工，整座巨像高33米，以大理石建成，再以青铜包裹，之后被用作灯塔。

但公元前226年的大地震却把这座伟大的巨像推倒，脆弱的膝盖成为了巨像的致命伤，巨像从此倒在罗德港附近的岸边。公元654年，罗德岛被阿拉伯人入侵，入侵

者把遗迹运往叙利亚，使这个奇观的考察更加困难。

罗德港于公元前408年建成。历史上罗德岛曾经被许多势力统治过，其中包括摩索拉斯（他的陵墓也是七大奇迹之一）和亚历山大大帝。但在亚历山大大帝归天之后，全岛又陷入了长时间的战争。马其顿侵略者德米特里带领四万军队包围了港口，经过艰苦的战争，罗德岛人击败了侵略者。为了庆祝这次胜利，他们决定用敌人遗弃的青铜兵器修建一座雕像。雕像修筑用了12年，高约33米，与纽约的自由女神像的高度差不多。雕像是中空的，里面用复杂的石头和铁的支柱加固。传说雕像两腿分开站在港口上，船只是从两腿中间过去的，非常壮观而有趣。

古代七大奇迹

古代七大奇迹的名册编制于公元前三世纪。实际上只包含了西亚、北非和地中海沿岸的古迹，那只是古代西方人眼中的全部世界，而中国的长城距离他们太远了。这些地区在古代有过光辉灿烂的文明，公元前，腓尼基旅行家昂蒂帕克总结这些地区的人造景观时，把他认为最伟大的七处称为“世界七大奇迹”，这个提法一直流传到现在。但除了埃及金字塔依旧巍然屹立在沙漠中以外，其他六处都已经湮没在历史的尘埃之中。这“世界七大奇迹”分别是：埃及金字塔、亚历山大灯塔、巴比伦空中花园、阿尔忒弥斯神庙、宙斯神像、摩索拉斯陵墓、罗德岛太阳神巨像。

第三章

本世纪最有希望解开的十大科学谜题

一、时间是一种幻觉吗

柏拉图认为时间是持续不断的，伽利略对这种观点表示怀疑，并计算出如何用图表进行表示，所以他能够在物理学领域作出重要的贡献。爱因斯坦说时间只是另一种尺度，是除了上下、左右、前后之外的第四维。爱因斯坦说，我们对于时间的理解是基于它与环境的关系。古怪之处在于，你行进得越快，时间就过得越慢。他的理论能够作出最根本的解释：过去、现在和将来仅仅是想象构成的，任何事都是由大脑创立的，并不会立即发生。时间作为第四维，不像其他维度那样——其中一个原因，我们只能沿着时间轴朝一个方向走。

二、受精卵如何变成人

èr shòu jīng luǎn rú hé biàn chéng rén

xiǎng xiàng yí xià nǐ jiāng yīng cùn kuān de hēi sè fāng kuài fàng zài yí kuài kòng dì shang
　　想象一下，你将 1 英寸宽的黑色方块放在一块空地上，
tū rán zhè ge fāng kuài kāi shǐ zì wǒ fù zhì biàn biàn biàn biàn
突然这个方块开始自我复制，1 变 2，2 变 4，4 变 8，8 变 16
zhè xiē zēng zhí kuò sàn de fāng kuài kāi shǐ xíng chéng yì xiē jiàn zhù wéi lán gǒng mén
……这些增殖扩散的方块开始形成一些建筑——围栏、拱门、
qiáng bì guǎn dào děng yì xiē fāng kuài biàn chéng le diàn xiàn jù lǜ yǐ xī guǎn dào gāng jīn
墙壁、管道等。一些方块变成了电线、聚氯乙烯管道、钢筋
jiàn cái mù tou zhù zi yì xiē biàn chéng le qiáng bǎn xiāng
建材、木头柱子，一些变成了墙板、镶

bǎn miàn dì tǎn hé bō li chuāng diàn xiàn kāi shǐ zì dòng lián
板面、地毯和玻璃窗。电线开始自动连
jiē chéng yì zhāng fù zá wú biān de wǎng luò zuì hòu yí
接成一张复杂无边的网络。最后，一
zhuàng céng gāo de mó tiān dà lóu bá dì ér qǐ
幢 100 层高的摩天大楼拔地而起。

受精卵

zhè jiù shì shòu jīng luǎn biàn chéng rén de yí ge xíng xiàng bǐ
　　这就是受精卵变成人的一个形象比

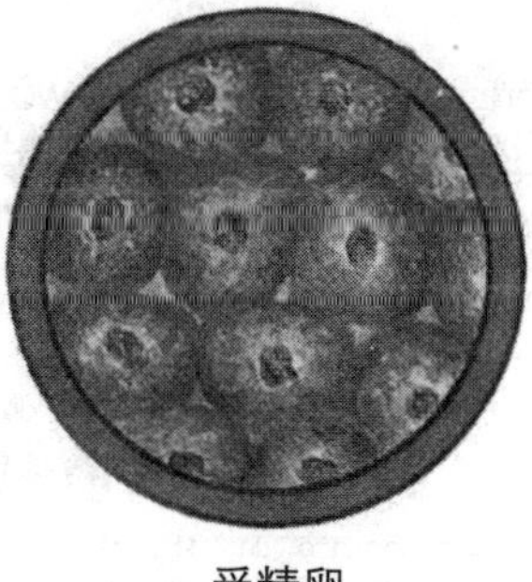

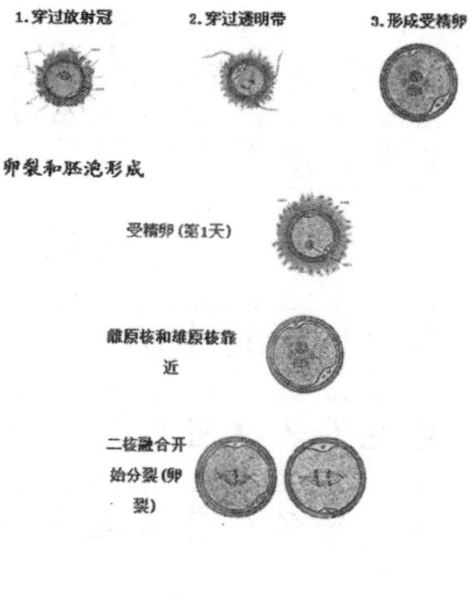

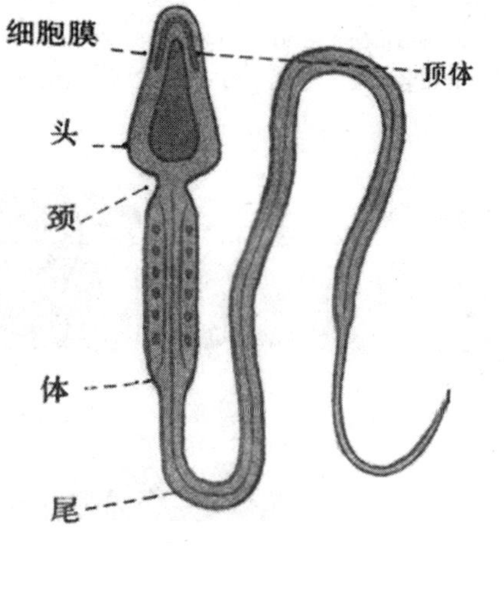

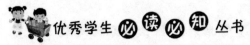

喻，但是，小方块怎么知道如何建造大楼呢？细胞怎么知道如何造人（或哺乳动物）呢？生物学家过去认为细胞的蛋白质以某种方式携带着造人的说明书，但现在看来，蛋白质更像建造人体大厦的砖砖瓦瓦，或是没有任何建造计划的泥瓦匠，不像携带着建造图纸的设计师。形成组织器官的方法一定被写在细胞的DNA上，但是还没有人知道如何将这些信息读取出来。

三、为什么我们需要睡眠

“如果你偷懒打瞌睡，你就会失去很多”，这是一个我们经常听到的习语，但是，如果生命中没有睡眠的话，将是一件十分恐怖的事情。所有的哺乳动物都需要睡觉，如果被剥夺了睡眠，它们将会很快死去，比禁食死得更快。这是为什么呢？没有人知道答案！

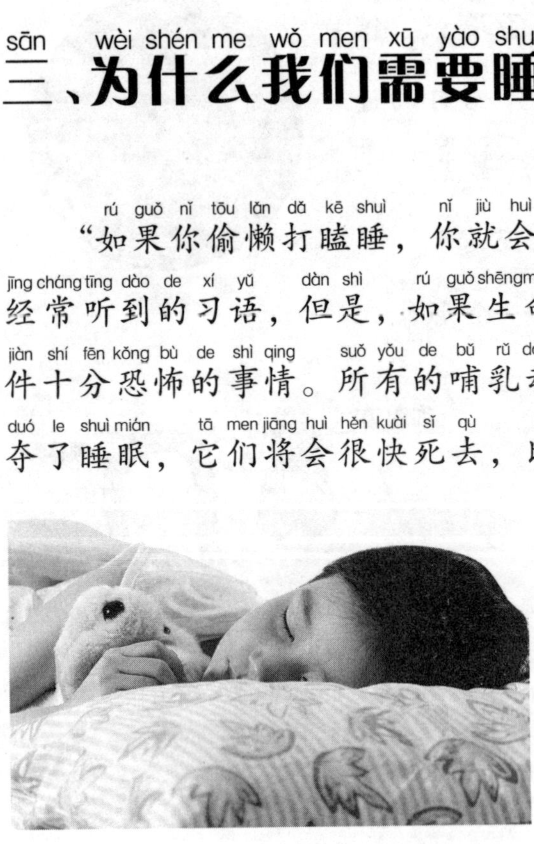

显而易见，睡眠可以使身体得到休息，但是看电视不是也可以使身体得到休息么？看来这不能解

释睡眠的必要性。一种主要的理论认为，我们清醒的时候，大脑中会不断产生某种致命的物质，越积越多，只有睡眠才能够将它们打扫干净；或者也能这么解释：大脑中有某种生存必须的物质，清醒时会逐渐被消耗掉，只有睡眠才能补充这种物质。这么解释的话，睡眠就有意义了。以第一种解释来分析，夜间，大脑进入休息状态，逐渐恢复能量，进入慢波睡眠状态。这时，大脑没有什么负担，可以集中进行垃圾清理工作。

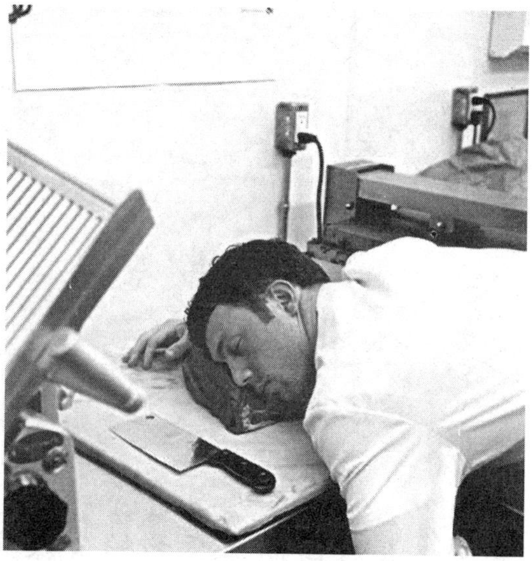

四、为什么安慰剂会起作用

托·韦格是哥伦比亚大学的神经科学家，为了研究安慰剂的功效，在最近的一次实验中，韦格及其同事用刺激的方法对腕关节进行了24项测试。研究员将一种惰性奶油涂于实验者手腕上，告诉他们里面含有止痛剂，当科学家发出下一

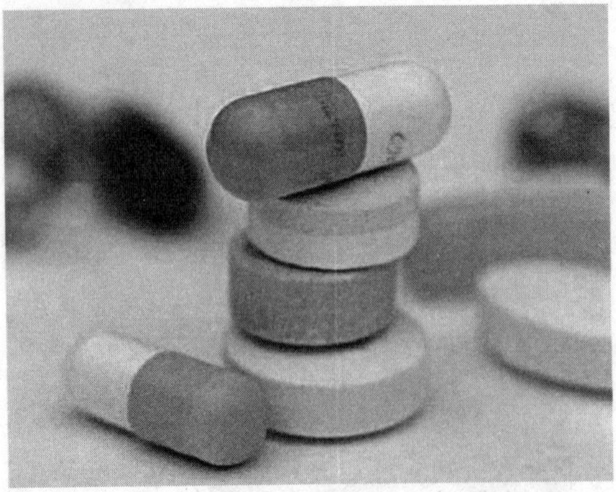

组脉冲时，8项测试结果表明疼痛得到显著减弱。平淡无奇的奶油就可以使强烈的电刺激效果变得缓和许多，那安慰剂作为现代医学最好的药物，又是怎么产生作用的呢?研究表明，在对因高血压和帕金森病引起的精神不振病人的实验中，30%到40%的病人在服用了假的安慰剂后称感觉良好。假安慰剂都能产生如此神效，真是令人难以相信。

最近一次研究，休斯敦退役军人医疗中心的医生们对一组患有关节炎的病人做了膝关节内窥镜手术，需要削去一些膝盖骨并去除膝关节积水；另一组假装做膝盖手术并进行包扎。结果疼痛报告显示的结果一样。霍华德·波迪是得克萨斯州大学医学院的教授，发表过相关方面的著作，他说：“据我看，安慰剂虽然不能起死回生，但大量的实验表明，安慰剂至少可以在一定程度上起作用。”

五、森林是减缓还是加速全球变暖

每个人都知道森林有助于环境的改善。树木在生长的过程中会吸收导致全球变暖的罪魁祸首——二氧化碳，树木越大，数量越多，其吸收二氧化碳的数量也就越多。所以森林是防止全球变暖的一个很好的调节剂。但尽管植物在大量地吸收二氧化碳，地球却仍在不断升温。于是产生了这样一个悖论，未来，森林并不能减缓气候的变化，随着森林不断遭受毁坏，全球变暖的形势将变得更为严峻。

我们不知道以后将会怎样，因为我们对森林本身了解得太少。据科学家估计，在所有物种中，有一半的物种生活在森林的这个三维迷宫的树冠层，其中的绝大部分在我们的视线之外。但实际上并没有说清在地球的任何一个地方，指定任何一个高度的1立方米的树冠层中生活有哪些物种。

佛罗里达州新学院的树

冠科学家马格瑞特·罗曼说：“在你至少知道森林中生活着哪些物种后，你才有可能知道更多有关森林的一般性问题。这不仅仅是给它们命名的问题。我们需要知道哪些是常见物种，哪些是稀有物种，这些物种在做什么，在弄清楚这些后我们才能进入下一阶段的研究，弄清森林和地球气候之间的交互关系。”

六、生命从何而来

物竞天择，适者生存，自然选择学说解释了生物体为了适应环境的改变，是如何进化而来的。但达尔文的理论却不能解释第一个生物体是如何产生的，这在他看来是一个深深的谜团。最初是死气沉沉的，没有任何生命迹象的化合物创造了生命么？没有人知道。第一个生命体是如何被装配起来的呢？大自然甚至连一点点微小的暗示都没有给出。

随着时间的流逝，这个谜团越藏越深。毕竟，如果原始

的自然条件就可以创造生命的话，那么如今先进的实验室环境应该也能，或者应该非常容易地创造出生命，但是迄今为止所有的实验都以失败告终。国际殊荣诺贝尔奖和来自国际基因工程的100万美元的奖励正在等待研究员在实验室环境下创造生命，但至今仍无人问鼎。

一些研究人员认为，早期的地球环境存在某种神秘的物质，可以将化合物变成生命，但现在这种物质已经永远的消失了。也有一些研究员提出了与RNA有关的解释，一些含有RNA的物质先形成，再以其为模板制造DNA，但这不能解释第一个RNA是从哪里来的。

是上帝或女娲抑或是其他高等生物创造了生命么？还是我们起源于另外的星球，被外星人运到地球的？除非生命起源的问题完全被搞清楚，不然这些问题很难得到解答。

七、冰河时代是如何出现的

科学家称，小规模的冰河时期，每2～4万年就要发生一次，大规模的每10万年左右发生一次。但他们并不知道其中的原因。由塞尔维亚工程师米兰柯维奇提出的理论认为，地球轨道的不规则性改变了它所吸收能量的多少，导致地球突然冷却。虽然这个理论与短期冰河期发生的时间相吻合，但仍旧存在一个很大的不足。在过去的数十年中，研究表明地球轨道的不规则性，对地球所吸收太阳能的影响只占其中的1%或更少，这个微小的影响不可能使地球的气候产生重大突变。是什么使小数量的太阳能

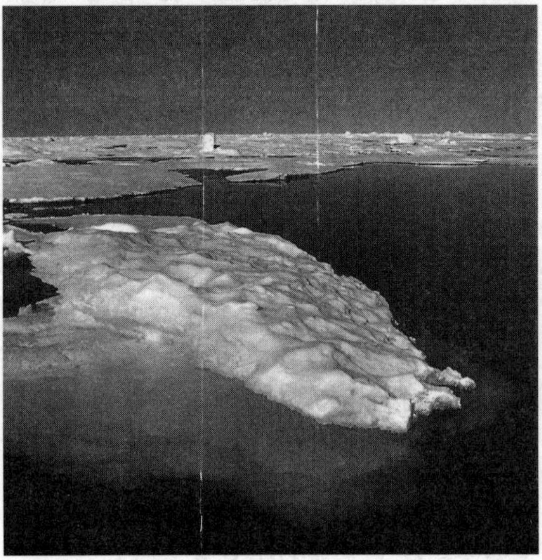

的变化产生了巨大的冰河作用？对冰层和海床岩石的研究表明，温度的升降与温室气体的浓度密切相关。但这是一个鸡和鸡蛋的问题。二氧化碳含量的增多或减少是气候变化的原因还是气候变化的结果？如果能弄清这一点，就可大大帮助我们搞清目前全球变暖的问题，并找到解决办法。

八、为什么一些疾病会流行起来

一种流行性疾病——全国或全球性爆发的疾病，实际上只是一种病原体“鸿运当头”的外在表现。细菌世界的成功意味着要使许许多多的人受到它的感染，它们不断生殖，然后使更多人受到感染。细菌如何实现感染的效率取决于它们是怎样工作以及人类抵抗能力如何。所以文化的改变就像是乘坐喷气式飞机旅行，会使一些人群更容易受到某种之前所含有的疾病的攻击。

细菌中的变化，比如说如果禽流感病毒H5N1从人类基因中获得正确的基因就好像菠菜之于大力水

shǒu dàn shì méi yǒu rén zhī dào rú hé yù cè hé shí nà xiē xì jūn huì zài rén qún zhōng bào fā
手。但是没有人知道如何预测何时那些细菌会在人群中爆发，

suǒ yǐ bú yào wàng jì jīng cháng xǐ shǒu
所以不要忘记经常洗手。

九、为什么我们会死亡
jiǔ   wèi shén me wǒ men huì sǐ wáng

dāng wù lǐ xué jiā bèi wèn dào shì wù wèi hé huì sǐ wáng zhè zhǒng wèn tí shí   tā men huì
当物理学家被问到事物为何会死亡这种问题时，他们会
háo bù yóu yù de huí dá shuō zhè fú hé rè lì xué dì èr dìng lù   rèn hé shì wù wú lùn tā
毫不犹豫地回答说这符合热力学第二定律：任何事物无论它
shì kuàng wù zhì   zhí wù huò dòng wù   yě bù guǎn tā shì yí liàng léi kè sà sī qì chē   lǐ
是矿物质、植物或动物，也不管它是一辆雷克萨斯汽车、礼
guān shang de yí ge bèi ké hái shì xì bāo bì shang de yí ge dàn bái zhì fēn zi   zuì zhōng dōu huì
冠上的一个贝壳还是细胞壁上的一个蛋白质分子，最终都会
fēn jiě xiāo wáng   zhè zhǒng xiàn xiàng fā shēng zài rén lèi shēnshang jiù shì shǐ rén biàn lǎo   zhè yě shì
分解消亡。这种现象发生在人类身上就是使人变老，这也是
shēng wù xué jiā de yí ge yán jiū kè tí   rén biàn lǎo de yuán yīn kě néng shì yīn wèi   zāo
生物学家的一个研究课题。人变老的原因可能是因为DNA遭
dào le zì yóu jī de sǔn hài   yě kě néng shì yīn wèi rǎn sè tǐ duān lì fā shēng wěi suō   jiù
到了自由基的损害，也可能是因为染色体端粒发生萎缩。就
xiàng kē xué jiā suǒ chēng de nà yàng   rǎn sè tǐ duān lì huì suí zhe měi cì xì bāo fēn liè ér biàn
像科学家所称的那样，染色体端粒会随着每次细胞分裂而变
xiǎo   dāng rǎn sè tǐ suō xiǎo dào yí dìng cháng dù   xì bāo jiù huì kāi shǐ shuāi ruò shèn zhì sǐ wáng
小。当染色体缩小到一定长度，细胞就会开始衰弱甚至死亡。

dàn shì yào xiǎng huò dé shēng mìng shén me
但是要想获得生命什么
shí hòu zhōng jié zuì hé shì   wǒ men hái yào
时候终结最合适，我们还要
qiú zhù yú shēng tài xué jiā   dàn tā men yě
求助于生态学家，但他们也
zhǐ shì yǒu yì zhǒng cū lüè de jì suàn shòu mìng
只是有一种粗略的计算寿命
de bàn fǎ   jī běn shang shuō   wù zhǒng de
的办法。基本上说，物种的

俄罗斯死亡谷丛林深处

体形越大，它们体内的能量转换就会越慢，新陈代谢的速率就会越低，而生命也会越长。动物的新陈代谢速度可以很快，也可以很慢。老鼠的心跳很快，而蓝鲸的心跳则慢得多。它们生命中心脏跳动的总次数却是差不多的，都是1亿次，但是老鼠用两年时间就完成了这个跳动任务，而蓝鲸却要用大约80年的时间。虽然很多动物的体形比人类要大，但是寿命比我们长的动物却很少。为什么重量较轻的我们可以有这么长的寿命？我们暂时还不能解答。

十、为什么不能十分准确地预报天气

数年前，几天后的天气预报是完全不可信的，但现今更为先进的计算机模型使得预报一周后的天气变得精确起来。但是当你想建造一个计算机模型来预报数十年后或数世纪后的天气时，问题出现了。气象学家爱沃德·罗伦兹曾进行过一项计算机天气模拟，决定对其中的一个参量采用四舍五入进

xíng jì suàn　zhè ge xiǎo xiǎo de biàn huà wán
行计算。这个小小的变化完
quán gǎi biàn le tiān qì mó xíng　zhè chéng
全改变了天气模型。这成
wéi hòu lái zhù míng de hú dié xiào yìng　yī
为后来著名的蝴蝶效应：一
zhī hú dié zài bā xī shāndòng chì bǎng　huì
只蝴蝶在巴西扇动翅膀，会
zài měi guó dé kè sà sī zhōu yǐn qǐ yī
在美国德克萨斯州引起一
chángfēng bào　luó lún zī de zhè zhǒng zuò
场风暴。罗伦兹的这种做
fǎ chuàng lì le hùn dùn lǐ lùn　qǐ fā
法创立了混沌理论，启发
qì xiàng xué jiā jiāng jìn kě néng jīng què de shù jù
气象学家将尽可能精确的数据
shū rù jì suàn jī mó xíng yǐ zēngzhǎng tā men de
输入计算机模型以增长他们的
yù cè qū jiān　dàn shì jí shǐ jí wéi jīng què de
预测区间。但是即使极为精确的
shù jù yě bù néng shǐ wǒ men huò dé jīng què de
数据也不能使我们获得精确的
cháng qī xìng yù cè jié guǒ
长期性预测结果。

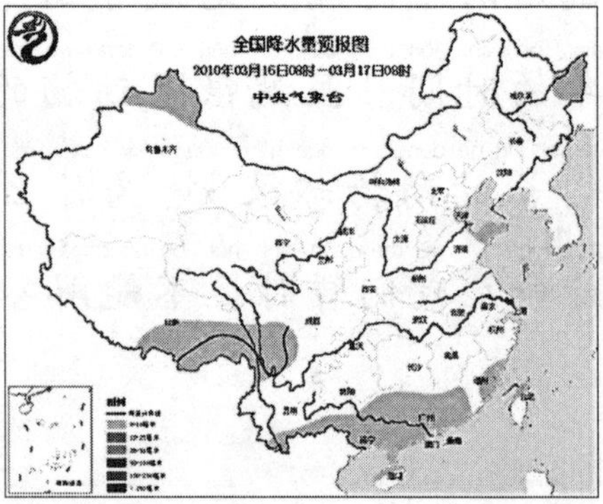

蝴蝶效应

蝴蝶效应是气象学家罗伦兹在 *1963* 年提出来的。其大意为：一只南美洲亚马孙河流域热带雨林中的蝴蝶，偶尔扇动几下翅膀，可能在两周后在美国德克萨斯引起一场龙卷风。其原因在于：蝴蝶翅膀的运动，导致其身边的空气系统发生变化，并引起微弱气流的产生，而微弱气流的产生又会引起它四周空气或其他系统产生相应的变化，由此引起连锁反应，最终导致其他系统的极大变化。此效应说明，事物发展的结果，对初始条件具有极为敏感的依赖性，初始条件的极小偏差，将会引起结果的极大差异。

第四章

宇宙之谜

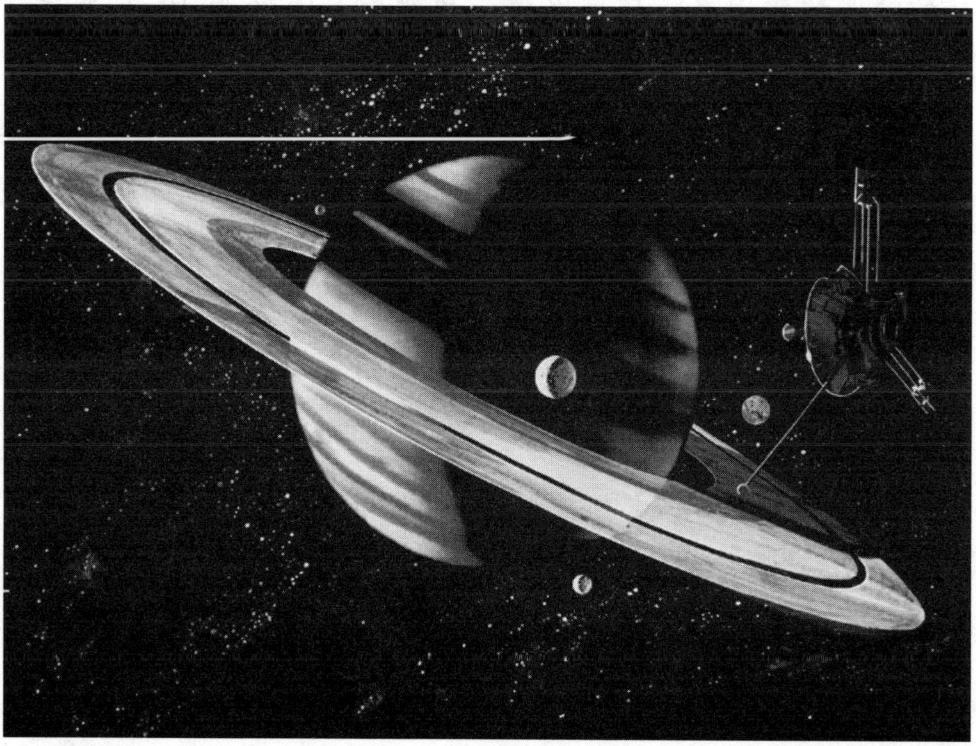

宇宙是否有尽头

每当人们翘首仰望茫茫太空、神驰遐想之时，总是有人要提出这样的疑问：宇宙究竟有多大？有没有尽头呢？

在太阳的周围，有地球、金星、火星、木星等大小不同的八个行星在不停地运转，这就是太阳系。那么在太阳系以外又是一个怎样的世界呢？那是一个聚集着约2亿颗像太阳一样的恒星的银河系。银河系像一块铁饼，直径为10万光年，中心部分厚度为1.5万光年。如果飞出银河系，又会到什么地方呢？在那里，有无数像银河系一样的世界，叫做星云。与银河系邻近的是仙女座流星群。这个流星群和银河系的大小、形态大致相同，大约聚集着2000亿颗恒星。

1929年，美国的哈佛尔发现：所有星云正离我们远去。比如离我们约2.5亿光年的星座星云以每秒6700千米的速度，5.7亿光年外的狮子座星云以每秒19500千米的速度，12.4亿光年外的牵牛座星云以每秒39400千米的惊人速度，纷纷离我们远去。

照这样持续下去，星云到达100亿光年处其运行速度将

“徘徊者”号探测仪

达每秒30万千米，这和光的速度相等。这样，所有星云的光就永远照射不到我们地球上来了。因此，100亿光年的地方将是我们所能见到的宇宙的尽头。再远处还有星云，但是由于光无法到达，我们也就无法观测了。当然这是一家之言，还有其他不同的解释。有人认为，宇宙呈气球形，它像气球一样不断膨胀，其中有些星云随之离我们远去。但到一定时候，气球又会缩小，星云也会随之接近我们。还有人提出，宇宙是马鞍形的，它不断地朝着鞍的四个边缘方向扩展。按这一解释，在遥远的将来，星星将逐渐远离，夜空会变得单调寂寥。不过，有人对此持不同意见，认为宇宙是永恒的。虽然它会无限地扩展，但在扩展的空间中还会产生新的星球，宇宙再怎样膨胀，还是会增加新的星家

银河系平视图

族。因此，宇宙空间不会荒寂。究竟宇宙的尽头在哪里，人类目前还只能进行一些推测。

宇宙的年龄

说到宇宙的年龄，人类不能再用通常的计量单位，不是用百万年，而是用亿年为单位。但对宇宙的年龄，科学家们只是在推测和估算，还没有找到一种绝对准确的方法。所以科学家们采用各种方法来取得能够接近真实的结果，用同位素年代法测量地球、月球和太阳的年龄是一种好方法。经测定，地球年龄为40亿～50亿年，月球年龄为46亿年，太阳年龄为50亿～60亿年。运用这种方法来测定宇宙的年龄，天文学家布查测定的结果为120亿年。球状星团测定法是根据恒星演化理论来测算恒星年龄的一种方法，利用该法求得的宇宙年龄为80亿～180亿年。但是，人们对恒星进行观测发现，最老的恒星年龄约200亿年，因此，180亿年的年龄是不够的。那么，宇宙的年龄到底是多少呢？这至今仍然是一个谜。

宇宙的诞生

在大爆炸之后最初的极短的一瞬间，新生宇宙的热量产生了物质。当它冷却下来之后，出现了密集的由质子、中子和电子组成的原子雾。

宇宙是怎样产生的

浩渺无边的宇宙充满了无限神秘。宇宙究竟是怎样产生的呢？

1946年，美国科学家伽莫夫提出“大爆炸”理论，初步阐释了宇宙的形成。

“大爆炸”理论认为，大约在200亿年以前，构成我们今天所看到的天体的物质都集中在一起，密度极高，温度高达100多亿度，被称为“原始火球”。这个时期的天空中，没有恒星和星系，只是充满了辐射。后来不知什么原因，“原始火球”发生了大爆炸，组成火球的物质飞散到四面八方，高温的物质冷却起来，密度也开始降低。在爆炸两秒钟之后，在摄氏100亿度高温下产生了质子和中子，在随后的自由中子衰变的11分钟之内，形成了重元素的原子核。大约又过了1万年，产生了氢原

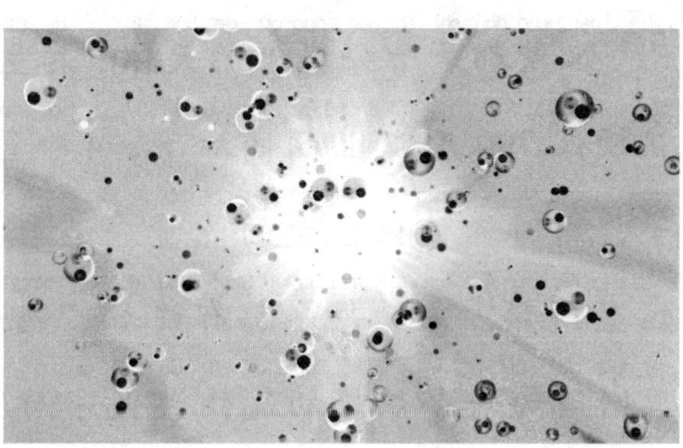

宇宙大爆炸的瞬间（电脑效果图）

子和氦原子。在这1万年的时间里，散落在空间中的物质便开始了局部的联合，星云、星系的恒星，就是由这些物质凝聚而成的。在星云的发展中，大部分气体变成了星体，其中一部分物质因受到星体引力的作用，变成了星际介质。宇宙就这样形成了。

不过，“大爆炸”学说只是关于宇宙形成的一种理论，目前尚未得到完整的证明。

恒星的奥秘

恒星是指自己会发光，且位置相对稳定的星体。古人以为恒星的相对位置是不动的，其实，恒星不但自转，而且都以各自的速度在飞奔，只是由于相距太远，人们不易觉察而已。恒星都是十分庞大的天体，其主要成分是氢，其次是氦。在摄氏700度以上的高温下，4个氢原子会聚变成10个氦原子，同时释放出巨大的能量。这与氢弹爆炸的原理一样。在恒星内部，每时每刻都有许多“氢弹”在爆炸，使恒星长期不断地为一个炽热的气体大火球而发光发热。并且，越往内部，温度越高。即便是恒星的外表温度，也十分惊人。最低为摄氏200多度，最高可达摄氏4万度。恒星表面的温度决定恒星的颜色。恒星是宇宙中最基本的成员，对于任何恒星个体来说，它既有产生的一天，也有衰老死亡的一天。但一批恒星“死”去，又会有一批新的恒星诞生。

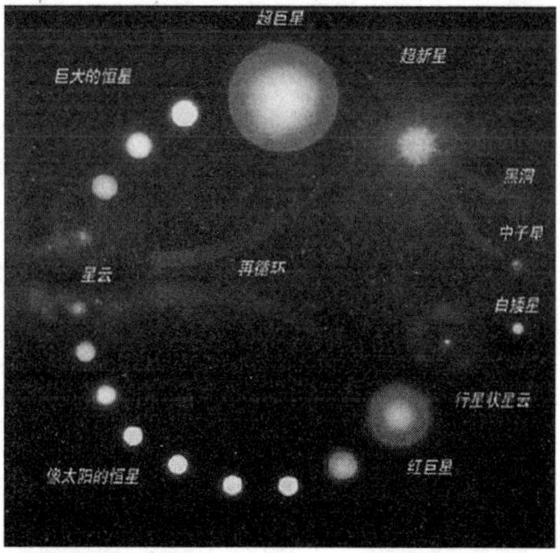

恒星的一生

恒星从产生到灭亡，一般都有一个漫长的过程。上图表示的就是一颗恒星的一生。

恒星是由大团尘埃和气体组成的星云收缩而成。“星云”在拉丁语中就是云雾的意思。在星云的收缩过程中，星云物质的热量会增加，部分热量辐射到外部去，其余热量使星云物质内部的温度升高。到中心温度达摄氏1500万度时，恒星内部所产生的热量与向外辐射的热量相当，这时候它会成为一个相对稳定的恒星，并进入成年期。这一时期是恒星最稳定、最漫长的时期，它约占恒星一生90%的时间。目前，我们所能看到的恒星，绝大多数处在成年期。人类的衣食之源——太阳——离地球最近的恒星也是如此。

天狼星与金字塔

天狼星是夜空中继太阳之后肉眼能看到的最明亮的星，其中一个原因就是这颗星距离我们近。这颗大犬星座中最明亮的星出现在七八月份黎明前的天空中，而这两个月恰好是全年最热的时候，因此它又叫“炽热的犬”。

在古代埃及，人们对它十分敬畏，因为掌管着尼罗河。它一旦在黎明前出现在东方，就意味着河水即将泛滥。而这又为两岸带来肥沃的土壤，使人们丰衣足食。

天狼星可以称得上是一颗标准的恒星，它的质量是太阳的2.5倍，而伴星的质量却是太阳的96%。虽然天狼星具有太阳般重的质量，却只有两个地球般大小的身躯，可见它的平均密度极大，一个立方厘米竟然重达30千克，这样奇怪的天体在当时还是第一次发现，大家认为它是恒星家族中一个畸形发展的怪物。而巨大耀眼的天

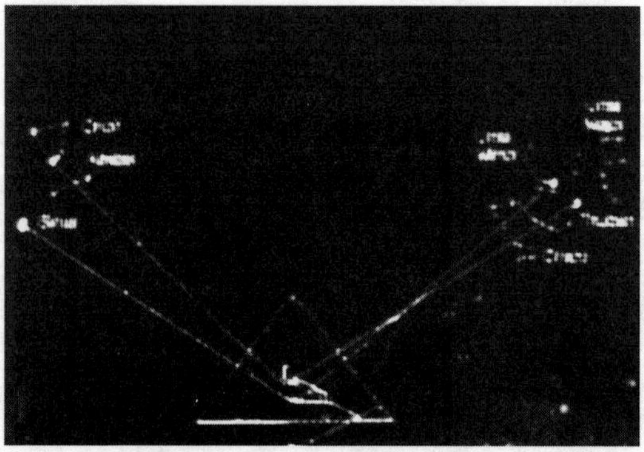

天狼星与金字塔的某种神秘的联系

夜空中最亮的天狼星

狼星拥有这样一个小不点儿的伴侣确实让人吃惊，最初连天文学家都不能接受这个事实。

在计算天狼星伴星的运行轨道时，人们发现它的椭圆偏心率正好是0.618，这跟数学上的黄金分割一样，这个规律最早是由古埃及人发现的，他们造的金字塔和神殿，底边和高之比常常用到黄金分割。古人是怎样发现这个规律的呢？有人怀疑它和天狼星的存在有一定的关系。但是古代人没有观测仪器，是如何求得这个偏心率的呢？这正是天狼星神秘莫测的韵味所在。

宇宙长城

根据天文学家估计，在银河系以外约有上千亿个河外星系，每一个星系都是由数万乃至数千万颗恒星组成的。河外星系有的是两个结成一对，有的则是几百乃至几千个星系聚成一团。现在能够观测到的星系团已有1万多个，最远的星

旋涡星系

系离银河系约70亿光年。河外星系的结构和外形也是多种多样的。

1926年，美国天文学家哈勃根据星系的形态，把星系分为旋涡星系、椭圆星系和不规则星系三大类。后来又细分为旋涡、椭圆、透镜、棒旋和不规则星系五个类型。各种星系中，离银河系较近的星系是麦哲伦云星系和仙女座星系。

麦哲伦云星系，包括大麦哲伦和小麦哲伦两个星系，它们是离银河系最近的星系，也是银河系的两颗伴星，离银河系分别为16万和19万光年。它们在北纬20度以南的地区升出地平面，是银河系附近两个清晰可见的云雾状天体。

仙女座星系，又被称为仙女座大星云。它用肉眼能够看到，亮度为4度，看上去仿佛是一个模糊、暗弱的星系。

银河系俯视图

前不久，美国天文学家宣布发现了迄今为止最大的发光结构——一道由星系组成的长为5亿光年、宽为2亿光年、厚约为1500光年、离地球2亿～3亿光年的“宇宙长城”。这座巨大的“宇宙长城”其实就是一个巨大的河外星系。

星云种类知多少

一般说来，星云是由弥漫在星际空间的极其稀薄的气体和尘埃组成的。星云的体积和质量特别大，密度和温度特别低。一个普通星云的半径约有10光年，质量至少有上千个太阳的质量。但是它的平均密度一般不超过每立方厘米几百个质子和电子，约为10～20克/立方厘米，温度在200℃以下，一般自身不发光，我们看见的云雾状光斑，主要是因为受附近恒星照耀而引起的。

天鹰星云中心部分的暗星云

恒星和星云在一定条件下可以互相转化，星云可以收缩而形成恒星，

héng xīng xíng chéng hòu yòu kě yǐ dà liàng pāo shè wù zhì dào xīng jì kōng jiān chéng wéi xíng chéng xīng yún
恒星形成后又可以大量抛射物质到星际空间，成为形成星云

de yuán cái liào
的原材料。

jiù xīng yún de xíng tài lái shuō kě yǐ fēn wéi xíng xīng zhuàng xīng yún mí màn zhuàng xīng
就星云的形态来说，可以分为行星状星云、弥漫状星

yún qiú zhuàng tǐ
云、球状体。

xíng xīng zhuàng xīng yún de xíng zhuàng xiàng dà xíng xīng yǒu yí ge zhèng yuán huò biǎn yuán xíng de
行星状星云的形状像大行星，有一个正圆或扁圆形的

biǎo miàn dà xiǎo zài guāng nián yǐ xià zhì liàng zhǐ yǒu tài yáng de jǐ bǎi fēn zhī yī dào shí
表面，大小在2光年以下，质量只有太阳的几百分之一到十

fēn zhī yī wù zhì mì dù hěn xiǎo měi lì fāng lí mǐ nèi zhǐ hán yǒu jǐ bǎi dào jǐ wàn ge
分之一，物质密度很小，每立方厘米内只含有几百到几万个

yuán zǐ zhōng yāng yǒu kē zhuó rè de biǎo miàn wēn dù gāo yú wàn shè shì dù de héng xīng yóu
原子。中央有颗灼热的表面温度高于3万摄氏度的恒星，由

yú shòu zhōng jiān liàng xīng de yǐng xiǎng shì liàng xīng yún zhì jīn yǐ fā xiàn yì qiān duō ge
于受中间亮星的影响，是亮星云，至今，已发现一千多个。

gū jì yín hé xì xīng de xíng xīng zhuàng xīng yún zǒng shù yīng gāi yǒu sì wǔ wàn ge yì bān rèn
估计银河系星的行星状星云总数应该有四五万个。一般认

wéi héng xīng pāo chū xīng yún zhī hòu tā de tǐ jī kāi shǐ xùn sù shōu suō ér guāng dù hé wēn
为，恒星抛出星云之后，它的体积开始迅速收缩而光度和温

dù xùn sù shàng shēng bù jiǔ zhī hòu guāng dù hé wēn dù yòu xùn sù xià jiàng guò dù dào sǐ
度迅速上升，不久之后，光度和温度又迅速下降，过渡到死

wáng jiē duàn yīn cǐ xíng xīng zhuàng xīng yún de chū xiàn shuō míng tā de zhōng xīn xīng yǐ yǎn huà dào
亡阶段。因此，行星状星云的出现说明它的中心星已演化到

wǎn nián
"晚年"。

mí màn zhuàng xīng yún de xíng zhuàng bù guī zé méi yǒu míng què biān jiè tǐ jī bǐ jiào
弥漫状星云的形状不规则，没有明确边界，体积比较

星座的由来

　　星座的历史很古老。据传，距今约5000年前，美索不达米亚地区的牧羊人在晚上看羊时，将星和星连接起来，想象成人或动物等形状，这就是星座的起源。后来，星座由商人传到希腊，并和希腊神话相结合。到了公元2世纪，一位名叫普莱德·伊奥斯的学者将它们归为48个星座，以后就这样一直延用下来。

　　1928年，国际天文同盟总会将整个天空统一划分出88个星座。但是，位于某一固定点的观测者，通常只能看到其中的一部分。

大，直径达几光年到几十光年，质量则从太阳质量的几分之一到几千倍，多数在10倍左右，它的密度更小，例如猎户座内的弥漫星云每立方厘米仅含有几十个到一千个质子。

球状体是在亮星云背景下见到的小的近似圆形的暗星云，它的密度较密，完全不透明，直径只有0.2～1光年左右，比行星状星云更小，它可能处于形成恒星的过程中。

对于星云种类的探讨，对我们更确切的把握恒星的演化具有重大意义。

类星体究竟是什么

类星体是20世纪60年代著名的天文学四大发现之一。类星体是至今我们发现距离最远又最明亮的天体。科学家称其为类星体，是因为它像恒星又不是恒星。到目前为止，已经发现的类星体有数千个。

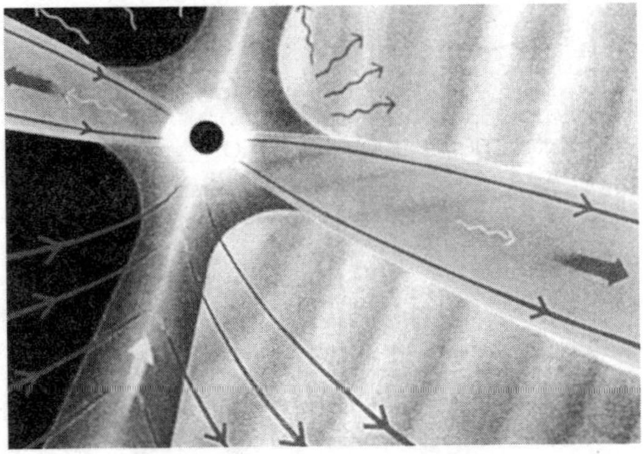
红移活动星系中心核想象图

1960年，美国天文学家桑德奇用当时世界最先

类星体

指用射电望远镜观测到的天体。它距离很远，没有星云状的膨胀外形，且发光亮度与发射电磁波的强度都远远超出银河系星云。它的真实身份尚有待确定查明。

进的望远镜，看到一个名叫 3C48 的射电源。但很快发现它并不是一个射电星系，而是一颗星星。这颗星星很暗，颜色发蓝。3 年后，另一位美国天文学家施米特发现了一个类似3C48的射电源3C273。施米特对射电源 3C273 进行光谱分析，发现在这个天体上，并没有什么地球上未知的新元素，不过是普通的氢光谱线。所不同的是，这些元素的谱线都向长波方向移动了一段距离。天文学上把这种现象叫做“红移”。根据美国天文学家哈勃在 1929 年总结出的规律可知，红移的大小同星系与太阳系的距离成正比，红移越大，星系距离太阳系也就越远。由此，可以推算出这些星体远在几十亿光年甚至上百亿光年之外。换句话说，在这些类星体发光的时候，我们的太阳系还未形成呢，因为太阳系只有50亿年的历史。

时光能倒流吗

电影情节中经常描绘的“时光旅行”，在现实生活中到底可不可能发生？专家们认为在理论上是行得通的。人类只要能设法研发出以光速前进的时光机器，自由穿梭时空，那么这个绝对不是问题。美国物理学家福特和罗曼认为，爱因斯坦的相对论并没有严格排除快于光速的旅行或“时光隧道”旅行。而现今的天文学研究结果表明，有一种星体的速度超过了光速，它就是类星体。

1977年以来科学家发现并证实，一颗被命名为3C273的星体内部有两个辐射源，并且它们还在相互分离，分离的速度竟高达每秒288万千米，是光速的9.6倍。不仅如此，继此之后，人们还相继发现了几个超光速的类星体。简直不可思议！因为迄今为止地球上的人类普遍认为，光速是不能超越的。然而上述发现又是那样的奇特，不能不让人感到困惑不解。

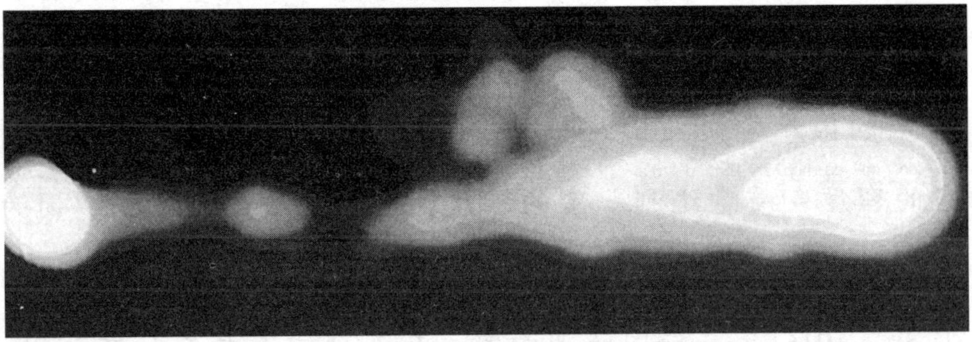

最远的类星体

美国的科学家利用伽玛射线望远镜，发现离地球约***110***亿光年的***4C71.07***类星体，这是科学家发现离地球最远的类星体，其核心的黑洞的质量是相等于数百万个太阳的质量。科学家相信，银河系可能曾经是一个类星体，经过数百万年的进化，最后才安定下来的。

吞噬一切的黑洞

什么是黑洞呢？顾名思义，黑洞是不会发光的，黑糊糊的一处空间。它不是通常意义上的星体，而是空间的一个区域，一种特殊的天体。它具有极强大的引力场，以至任何东西，甚至连光都不能从它那里逃过。它成为宇宙中一个“吞食”物质和能量的陷阱。它是当代科学“六大悬案”之一，科学家苦苦追寻它将近200年了，试图揭开黑洞这个神秘天体的面纱。

黑洞最早被指出存在，并假设它为一个质量很大的神秘天体，是在1798年。当时法国的拉普拉斯利用牛顿万有引力和光的微粒学说提出这一见解。他认为，假如有一个天体，它的密度或质量达到一定的限度，我们就看不到它了，因为光没有能力逃离它表面的吸收，也就是说，光无法照出它的形状。1916年，德国物理学家史瓦西预言存在五种不旋转、不带电的黑洞（称为“史瓦西黑洞”）。他当时就已算出，若要成为黑洞，一个质量如太阳的星体，其半径必须缩到3千米，而地球则需压缩到半径为0.9厘米。史瓦西提出的黑洞概

niàn zài dāng shí wèi shòu dào rén men de pǔ biàn zhòng shì
念在当时未受到人们的普遍重视。

hēi dòng tūn shí zhōu wéi wù zhì de fāng shì yǒu liǎng zhǒng yì zhǒng shì lā miàn shì dāng yì
黑洞吞食周围物质的方式有两种：一种是拉面式，当一

kē héng xīng kào jìn hēi dòng jiù hěn kuài bèi hēi dòng de yǐn lì lā cháng chéng miàn tiáo zhuàng de wù
颗恒星靠近黑洞，就很快被黑洞的引力拉长成面条状的物

zhì liú xùn sù bèi xī rù hēi dòng zhōng tóng shí chǎn shēng jù dà de néng liàng qí zhōng bāo kuò
质流，迅速被吸入黑洞中，同时产生巨大的能量（其中包括

shè xiàn lìng yì zhǒng shì mó fěn shì dāng yì kē héng xīng bèi hēi dòng zhuā zhù zhī hòu jiù
X射线）；另一种是磨粉式，当一颗恒星被黑洞抓住之后，就

huì bèi qí qiáng dà de cháo xī lì sī de fěn shēn suì gǔ rán hòu bèi xī rù yí ge huán rào hēi
会被其强大的潮汐力撕得粉身碎骨，然后被吸入一个环绕黑

dòng de pāo wù xíng jié gòu de pán zhuàng tǐ zhōng zài bú duàn xuán zhuǎn zhōng yóu hēi dòng màn màn
洞的抛物形结构的盘状体中，在不断旋转中，由黑洞慢慢

xiǎng yòng bìng chǎn shēng wěn dìng de néng liàng fú shè
"享用"，并产生稳定的能量辐射。

zhí dào nián dāng rén men cè dào yí shù lái zì tiān é xīng zuò de shè xiàn shí
直到1965年，当人们测到一束来自天鹅星座的X射线时，

cái zhēn zhèng dǎ kāi le tàn cè hēi dòng de dà mén bèi tàn cè dào de zhè yì qí tè de tiān tǐ
才真正打开了探测黑洞的大门。被探测到的这一奇特的天体，

bèi dāng shí de tiān wén xué jiā mìng míng wéi tiān é zuò jīng yán jiū zhèng shí zhè shì
被当时的天文学家命名为"天鹅座X-1"。经研究证实，这是

天鹅星座 V404 上发现的黑洞

当黑洞靠近另一个星球时，它那巨大的引力会把粒子或气体从星球那儿吸走。这些东西会被拉进一个气态螺旋形旋涡中。这个旋涡中的气体被加热到摄氏几百万度并发出X射线。科学家们正是从这些闪烁着的大功率X射线证实了黑洞的存在。

蓝色的巨型伴星

气体形成一条长的气流，离黑洞越近，跑得就越快。

气流撞上围绕黑洞的气体，产生了明亮的热点。

当过热的气体坠向黑洞时，它会发射出X射线。

在气体接近黑洞时，它在黑洞引力的拉动下被加热到1亿摄氏度。

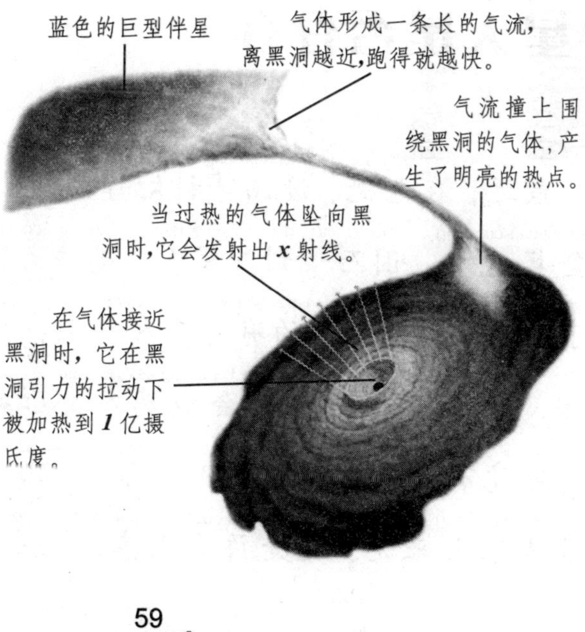

可怕的黑洞可以吞噬真实的宇宙物质

一个明亮的蓝色星体，它还有一颗看不见的伴星，这颗伴星的质量是太阳的5～8倍，但人们看不到它所在的位置。到目前为止，这是黑洞最理想的候选者。20世纪70年代，世界著名的物理学家霍金把量子力学与广义相对论综合起来，进行黑洞表面量子效应的研究，使黑洞理论向前推进了一步。

外星人是否存在

最近，在电视、漫画等科幻作品中，各种各样的外星人陆续登场亮相，因而谈到外星人，或许大家并不感到惊奇。如果在宇宙的某个地方真的有外星人存在，并且他们同我们能相互通信、相互见面，这一定会成为人类历史中极为有趣的一幕。

究竟有没有外星人呢？外星人发出的电波，是否真的传到过地球上来呢？这是许多人感兴趣的东西。

1961年，美国国立电波天文台的科学家们，开始着手实施一项如同梦幻一般宏伟的“奥兹玛计划”。该计划认为，在无垠的宇宙空间某处，如果有智力发达的外星人存在，他们一定会试图同其他星球上的生物通信，并不断发出电波信号。因此，我们一定要试着接收这种信号。于是，分别选定红星座和鲸鱼星座的各一颗星球作为目标，用高倍电波望远镜进行观测。之所以选择这两颗星球作为观测目标，主要是因为这些星球是位于10光年处的离地球较近的恒星，通过对这两颗恒星的长年观测，人们发现，它们仿佛喝醉了酒一般，摇摇晃晃，故而推测其周围一定有肉眼看不见、但能带来引力的行星天体。假如真有行星的话，那么是否会有智能发达的生物呢？就这样，为了寻找地外未知行星上传来的外星人的电波，天文学家们开始了百折不挠的观测工作。

外星人

外星人经常出没于神秘之地

可是，没想到，这个

矮人型外星人

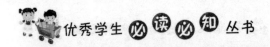

*1954*年*12*月*19*日，在委内瑞拉的一条公路上，一个叫何塞·帕拉的人正在跑步。当他跑到一大片坟地附近时，突然看见有*6*个小矮人正在公路旁拣一些石块。他们把这些石块装进一个圆盘状的物体中，这个物体当时就悬浮在半空中，离地面并不高。

何塞·帕拉从没见过飞行物和这么矮小的人，他有些害怕，连忙逃跑.但是，他的脚还没迈开，就被一个小矮人发觉了。小矮人迅速地用一个小器械对准他，小器械发出紫色的光芒，使他根本无法动弹，就像被施了定身法那样。

很快，这些小矮人停止了活动，纷纷跳进不明飞行物中，飞行物迅即消失。这时，何塞·帕拉的手脚才又重新能活动了。他马上把这一情况报告给了警察。

一小时之后，一个耀眼夺目的圆盘状不明飞行物在这附近的空中飞驰而过，人们都惊奇地睁大眼睛望着这奇怪的东西，它是否就是人们说的飞碟？这些小矮人是不是"矮人型类人生命体"呢？是什么样的生态环境造就了这批矮人呢？

充满幻想、令人为之雀跃的计划，在实施过程中，因需大量资金，加之其他许多观测项目的同时上马，故而这个计划只进行了不到一年就被迫中止了。从那以后，接收外星人电波的试验工作一度中断，直到20世纪70年代才再次开始。目前，美国的科学家们仍在热心地进行着探测工作。

仅仅接收外星人的信号似乎乏味了些，人们还着手从地球上向外星人发射信号的试验。在探索木星和土星的探测器"先锋号"上，载有"致外星人的信"，在另一艘探测器上，装上了有地球人声音的录音。这些探测器摆脱太阳系的束缚，朝着宇宙的远方飞去，它们到底能否同外星人相遇，人们正拭目以待。

外星人是什么模样

据报道，苏联“礼炮6号”太空船在太空飞行中曾遇到过一个银色圆球体。它悄悄地进入了苏联太空船的飞行轨道，开始和它并行。最初的24小时，这个银色圆形体始终与“礼炮6号”保持约1千米远的距离，看不清里面的东西。第二天，这个飞行物突然飞近，在相距100米时，苏联宇航员通过望远镜看到，圆球共有24个窗口和3个较大的圆孔，透过圆孔看到里面3个跟人类差不多的面孔。据宇航员回忆，这3个外星人浓眉大眼，鼻梁挺直。令他们惊讶的是，他们的眼睛比人类的眼睛大两倍以上，面部没有表情，皮肤呈棕黄色。后来，圆形体越飞越近，当距离只有3米远时，一名宇航员拿起导航图向外星人展示，对方也拿出一张导航图展示，上面还绘有我们的太阳系。另一名宇航员竖起大拇指向外星人致意，外星人重复了同一动作。第三天，宇航员看到，外星人离开了圆形体，在太空漫步。他们没有太空衣，也没有供呼吸的装备。第四天，该圆形体才消失在太空中。

另据报道，曾有一外星男婴降落在苏联。1983年7月14

外星人有着闪亮的眼睛

日晚8时，苏联中亚地区群山环抱的索斯诺夫卡村上空突然出现了一个发光体，照亮了群山和村庄。几秒钟后，空中传来了几声巨响，震撼了山谷，方圆20千米以内的山民都听到了巨大声响。在山村的一片空地上，人们发现了一堆冒烟的残骸。它是一个圆形飞行物，直径约30米。24小时后，天上又掉下一个球体来。苏军赶去封锁了现场。苏军上校埃马托夫说，在那个直径约1.5米的球体里面，有一个外星男婴。男婴是一架出事的外星宇宙飞船在危急时释放在空间的，他和球体平稳地降落在地球上。医学专家们对这个男婴进行了护理和抢救，男婴活了近3个月，在10月3日死去。据医院的X光透视，他的机体结构跟地球人一样，但手指、脚趾间有蹼，说明他在水中生活过，眼睛也呈奇怪的紫色。另外，男婴的心脏特别大，脉搏较慢。令人费解的是，其大脑活动比我们成年人还频繁。他还可以长时间不吃东西，从来不哭，据分析该男婴可能有1岁左右。

文明古国的 *UFO*

公元前1450年，古代埃及法老莫塞斯三世时期，发现一张莎草纸上记载着飞碟现象，被认为是人类最早关于飞碟的记载。那张纸上是这样记叙的：22年冬季的第三日6时，生命六宫的抄写员看见天上飞来一个火环，无头，长一杆（5.5米），宽一杆，无声无息。抄写员惊慌失措，俯伏在地……数日之后，天上出现更多的此类物体，其光足以蔽日。法老站在道中，与士兵静观奇景。随后，火环向南天升腾。法老焚画祷告，祈求平安，并下令将此事录在生命之言的史册上，以传后世。

《摩诃婆罗多》是著名的古印度史诗，其中就有对所谓神灵的“天车”和“武器”的描绘。其中有一段是这样说的：“在拉马的命令下，这辆富丽堂皇的

苏美尔人塑像

苏美尔楔(xie)形文字

车冉冉上升，升上云烟缭绕的高山，发出巨大的响声……”

“维马纳斯（天车）在一根巨大的光柱上飞行，光柱亮如阳光，飞行声有如暴风雨中的雷鸣……”

这很像是对飞碟的描述。

古代，苏美尔人住在中东一带。他们有十分丰富的天文知识，对于一些恒星和围绕它旋转的行星，了解得很多；绘画中星星的样子和今天我们所画的差不多完全一样；所掌握的月球自转周期和凭借精密仪器观察所得到的结果，只差0.4秒。

在苏美尔人居住过的埃及库云底亚克山上，人们发现了一道计算题，其结果是195955200100100。是个15位数，而古希腊最发达的计算技术，也才只有5位数。

具有异乎寻常智力的苏美尔人，神秘地从地球上消失了。人们很自然地想到，这可能与外星人有关，他们丰富的知识也许就来自外星人。在苏美尔人的史诗中，主人公曾被“铜爪巨鹰”带上天空，非常逼真地描绘了从高空俯视大地的景象和感受。如果不是借助登上高山所引发的想象，就是真的有人曾借助某种工具“上天”过，“铜爪巨鹰”会不会是古人对于“飞碟”的理解呢？

来自外星的信号

1924年，火星大冲时离地球最近。当时，人们纷纷议论火星上会不会有文明生物存在，并给地球发出某种无线电信号。无线电专家C. 弗朗西斯·詹金斯研究了一套接收信号的设备，并由美国天文学家戴维·托德博士进行实验。经过4天的运转，当洗出内装的胶卷后，发现照片一侧有很规则的连续点线。胶卷上有些反复出现的影像。

1928年，著名北极光研究专家C. 史托麦教授，发现荷兰恩覆芬的菲利浦实验所的强短波站，以31.4米波长发出的电信号，收到的无线电回声延迟了几秒钟。无线电波每秒钟的穿越速度是30万千米。这就是说，如果电波或雷达向月球发射，电波在1.25秒之内就会碰上月球，电波发出2.5秒后就会收到回声。向金星发射电波收到回声要5分钟，向火星发射电波收到回声要9分钟。因此，据延迟现象，有人推断太空中存在另一种未知的反射物体，它的位置正好比月球远一些，但不会远到金星或火星那里。

发明家尼古拉·泰斯拉1899年在发明日记中记下了收到天外信息的情况：“我记录下来的这种变化都是呈周期性出现的，而且在数目和顺序上明白地暗示了它们不可能被追溯到我们迄今已知的任何原因。直到后来，我才突然醒悟：我察看到的这一现象可能是由智力控制所引起的。我越来越感觉到，我是听到了一个行星向另一个行星致意的第一个人。”

G.马可尼是早期无线电专家，1921年9月，他在地中海的装有巨型无线电收发机的快艇上收到了一种波长15万米的信号。当时世界上使用的最大波长是14000米。接收的这种信号很有规律，也不可能是电气干扰所引起的现象。而信号却无法破译，显然是密码。马可尼认为这一定是“来自太阳系内的某个别的星球”。

第五章

自 然 之 谜

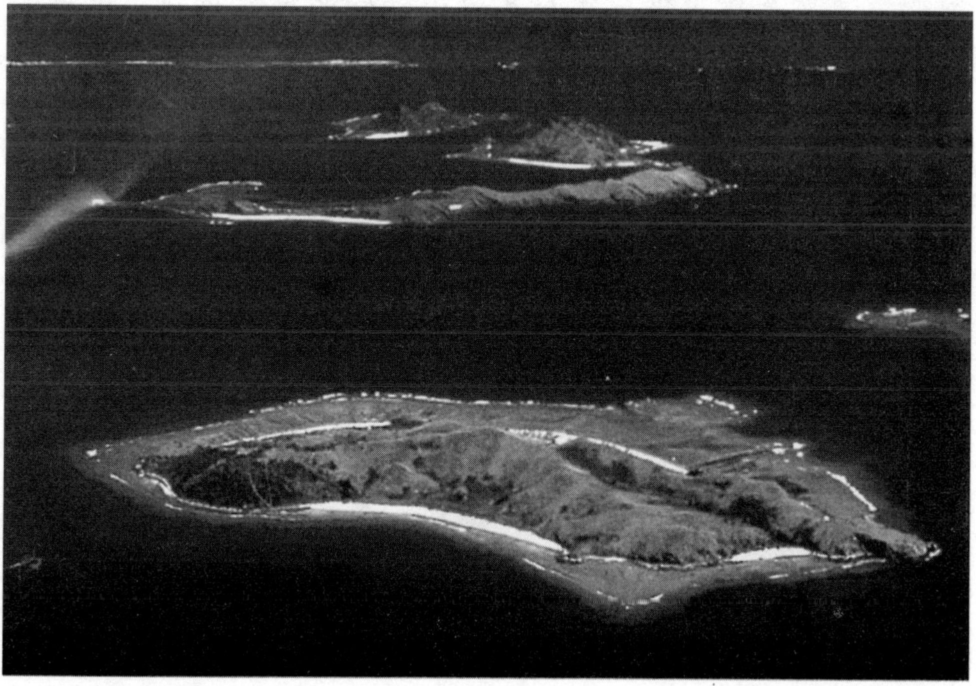

恐怖的死亡谷

提起恐怖的死亡谷，总是与神秘、恐怖等词汇联系在一起。这块连鸟类、爬行动物等都无法生存的区域，人类根本就不敢涉足，除非以生命作代价。

俄罗斯死亡谷在俄罗斯勘察加半岛上的克罗诺茨基禁猎区，长约2千米，宽100～300米。这里山峦起伏，绿树葱茏，然而就是这风景优美的小山区，竟是动物的葬身之地。多少年来，这里是熊、狼、獾和其他小动物的天然坟地。附近的一位森林看守人曾亲眼目睹了这样一个场景：一只膘肥体壮的大熊大摇大摆地穿进山谷，还未来得及寻找食物，就直挺挺地躺在地上断了气，同样来到这里的人也会在一瞬间被吞噬掉。

俄罗斯死亡山谷

科学家对这座死亡之谷进行了多次探险考察，却收效甚微。有科学家提出杀手可能是积在谷底凹陷沉坑中的使人窒息的毒气，即硫化氢和二氧化碳，在一般情况下，硫化氢和二氧化碳并不具备那么快的杀生本领，它们通常是慢慢地发挥作用的。这一观点被否定后，又有人提出了导致人和动物迅速死亡的是氢氧酸和它的衍生物。倘若如此，为什么在离死亡谷仅一箭之隔的村庄里，居民们却安然无恙？这到底是何原因呢？

加利福尼亚死亡谷景观

美国加利福尼亚州和内华达州相毗连地带的崇山中，也有一座特别险峻的死亡谷，长225千米，宽6～26千米不等，面积共1400多平方千米，峡谷两侧悬崖峭壁，地势十分险恶，1848年，一批外地移民误入谷地，后因迷失方向连尸体都没找到。1949年，美国有一支寻找金矿的勘探队伍，也因迷失方向涉足此地而亡。前去探险的人员，也屡屡不得其踪。科考家进行了大量的勘察，也未查明导致人们死亡的真正原因。与此形成鲜明对比的是，飞禽走兽在这里却过着悠然自得的生活。据统计，这里有230多种鸟，19种蛇，17种蜥蜴和1500多头野驴。这真是令人百思不得其解。为何这个山谷独

dú duì rén lèi zhè me xiōng cán
独对人类这么凶残?

shā mò zhōng de　mó guǐ chéng

沙漠中的“魔鬼城”

zhè zuò shén qí de　　chéng shì　　wèi yú xīn jiāng kè lā mǎ yī shì wū ěr hé qū dōng nán

这座神奇的“城市”位于新疆克拉玛依市乌尔河区东南

mǐ chù　fāng yuán yuē　　píng fāng qiān mǐ　dì miàn hǎi bá　　mǐ zuǒ yòu　dú tè
5000米处，方圆约187平方千米，地面海拔350米左右。独特

de yǎ dān dì mào shǐ zhè piàn dì qū bèi chēng wéi　　wū ěr hé fēng chéng　dāng dì rén yě chēng
的雅丹地貌使这片地区被称为“乌尔河风城”，当地人也称

zhī wéi　mó guǐ chéng
之为“魔鬼城。”

zhè shì yí ge yǎo wú rén yān què yòu rè nào fēi fán de　　chéng shì　　dāng qíng kōng wàn

这是一个杳无人烟却又热闹非凡的“城市”。当晴空万

lǐ　wēi fēng chuī fú shí　　rén men zài chéng bǎo màn bù　　ěr biān néng tīng dào yí zhèn zhèn cóng yuǎn
里、微风吹拂时，人们在城堡漫步，耳边能听到一阵阵从远

chù piāo lái de měi miào yuè qǔ　　fǎng fú qiān wàn zhī fēng líng zài suí fēng yáo dòng　　yòu wǎn rú qiān
处飘来的美妙乐曲，仿佛千万只风铃在随风摇动，又宛如千

wàn gēn qín xián zài qīng tán　　kě shì xuàn fēng yì qǐ　　fēi shā zǒu shí　　tiān hūn dì àn　　nà
万根琴弦在轻弹。可是旋风一起，飞沙走石，天昏地暗，那

měi miào de yuè qǔ dùn shí biàn chéng le gè zhǒng guài jiào　　xiàng lú jiào　mǎ sī　　hǔ xiào
美妙的乐曲顿时变成了各种怪叫：像驴叫、马嘶、虎啸……

yòu xiàng shì yīng ér de tí kū　nǚ rén de jiān xiào　　jì ér yòu xiàng chǔ zài nào shì zhōng　　jiào
又像是婴儿的啼哭、女人的尖笑；继而又像处在闹市中：叫

魔鬼城

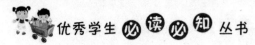

mài shēng yāo he shēng chǎo jià shēng bù jué yú ěr jiē zhe kuáng fēng zhòu qǐ hēi yún yā dǐng
卖声、吆喝声、吵架声不绝于耳；接着狂风骤起，黑云压顶，

guǐ kū láng háo sì chù mí lí chéng bǎo bèi lǒng zhào zài yí piàn méng lóng de hūn àn zhōng
鬼哭狼嚎，四处迷离……城堡被笼罩在一片朦胧的昏暗中。

wú shù qí yì de shēng yīn yòu shì cóng nǎ er lái de ne
无数奇异的声音又是从哪儿来的呢？

kē xué jiā zài jīng guò shí dì kǎo chá hòu zhǐ chū mó guǐ chéng shí jì shang jiù shì
科学家在经过实地考察后，指出"魔鬼城"实际上就是

yí ge fēng dū chéng bìng méi yǒu shén me guǐ guài zài xīng fēng zuò làng ér shì sì nüè de fēng
一个"风都城"，并没有什么鬼怪在兴风作浪，而是肆虐的风

zài zhōng jiān fā huī zhe zuò yòng zài qì liú de zuò yòng xià kuáng fēng jiāng dì miàn shang de shā lì
在中间发挥着作用。在气流的作用下，狂风将地面上的沙粒

chuī qǐ bú duàn chōng jī mó cā zhe yán shí yú shì gè zhǒng ruǎn yìng bù tóng de yán shí zài
吹起，不断冲击、摩擦着岩石，于是各种软硬不同的岩石在

fēng de zuò yòng xià biàn bèi diāo zhuó chéng le gè zhǒng gè yàng qí guài de xíng zhuàng
风的作用下便被雕琢成了各种各样奇怪的形状。

dàn shì jīng guò shí dì kǎo chá diāo zhuó mó guǐ chéng de wěi dà gōng chéng shī jué
但是，经过实地考察，雕琢"魔鬼城"的伟大工程师绝

bù zhǐ yǒu fēng hái yǒu yǔ jí liú shuǐ de qīn shí qiē gē shì bú shì fēng
不只有"风"，还有"雨"，即流水的侵蚀、切割，是不是"风

chuī yǔ dǎ jiù zú gòu le ne dì zhì xué jiā hái zài shēn rù yán jiū
吹雨打"就足够了呢？地质学家还在深入研究！

chì dào jù zú shì rú hé chū xiàn de
赤道巨足是如何出现的

yǒu yí cì yí wèi xī bān yá de zhù míng huà jiā qù è guā duō ěr lǚ yóu dāng chéng
有一次，一位西班牙的著名画家去厄瓜多尔旅游。当乘

zuò de fēi jī jīng guò guā yà jī ěr de shàng kōng shí tā xiàng xià fǔ shì wú yì zhōng jìng fā
坐的飞机经过瓜亚基尔的上空时，他向下俯视，无意中竟发

xiàn le yí dào rén jiān qí guān yì zhī rén lèi jù zú hé yì tóu jù xíng shòu lèi chū xiàn zài chì
现了一道人间奇观：一只人类巨足和一头巨型兽类出现在赤

dào xiàn shang cōng máng jiān huà jiā pāi xià le hǎo duō zhào piàn huí qù hòu jù cǐ wán chéng le tā
道线上。匆忙间画家拍下了好多照片，回去后据此完成了他

de liǎng fú jù zuò yú shì chì dào jù zú yì jǔ zǒu hóng shì jiè gè dì de rén fēn
的两幅巨作。于是，"赤道巨足"一举走红。世界各地的人纷

赤道巨足

纷前往厄瓜多尔目睹这一奇观。

那么这一奇观究竟是大自然的手笔还是人为的创作？人们满怀激情地开始了考察工作。厄瓜多尔位于南美洲，赤道线从它的首都基多横穿而过，这里是历史上古印加帝国的一部分。古印加人在赤道线上建立了“太阳神庙”，并在6月21日太阳正好直射赤道的那天，举行盛大的庆祝仪式。那么，画家所发现的赤道巨足会不会就是古印加人的创造呢？有人坚持认为这只是一个自然的巧合，巨足是火山爆发后岩浆所到之处形成的模样；也有人说是花岗岩常年风化腐蚀的结果；还有人坚持认为古代印加人在自然形状上进行了加工，制造成今天的巨足和巨兽的模样。孰是孰非，还没人知道。

渤海古陆大平原可否再现

据说渤海曾是一个地势坦荡、一马平川的大平原。当渤

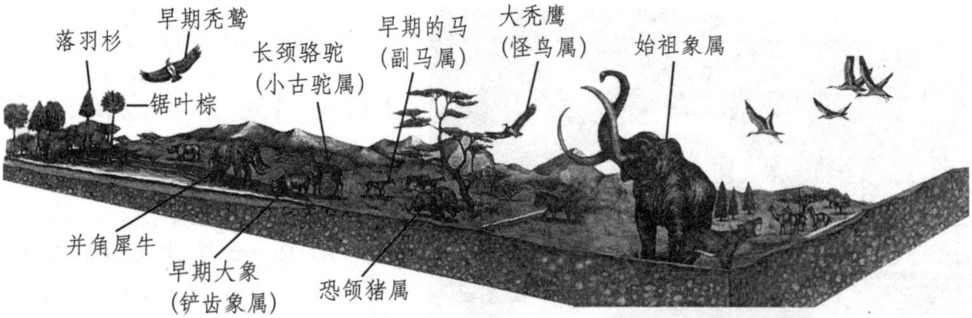

1 万年前的渤海古陆

海尚未形成时，庙岛群岛曾是平原上拔地而起的丘陵地带，山丘高度约 200 米。当时气候寒冷，由于强劲的西北风和冷风寒流互相作用，致使渤海古陆平原上飘来了大量的黄土物质。风沙不仅填平了古陆上的沟壑，而且还堆起了山丘，如今庙岛上独具特色的黄土地貌仍依稀可辨。现今，在黄土中有许多适宜寒冷气候的猛犸象、披毛犀鹿和落羽杉等动植物化石。这些动植物化石表明，当时渤海古陆平原生机勃勃。1 万年前的大平原上草地茫茫，人们可以想象，当时猛犸象漫步河畔，披毛犀出没其间，鹿群相互追逐，古人类尾随其后伺机捕杀的景象。

在渤海海底发现的披毛犀牙齿，使学术界对渤海的过去有了新的认识，并且开始了对渤海地形地貌的历史研究。

古生物学家认为，可能在晚更新世纪末期，也就是距今 1 万年前，由于冰川范围的扩大，原先最深处也不过 80 米的

今天的渤海古陆

古渤海平面一下子下降了100～150米。渤海地区因此一度完全裸露成陆地，形成一片平坦的大平原，成为许多动物的家园。后来，由于全球气候变暖，冰川融化，海平面大幅度上升，渤海平原逐渐被水淹没。

如今的渤海，由于各方面的条件错综复杂，变化也因此十分复杂。海岸线有进有退，变化完全相反，并且这种完全相反的变化还将继续下去。

那么，曾一度繁荣的渤海古陆大平原，会重新露出海面吗？这是大自然留给我们的一个谜，随着时间的推移，总有一天会被解开的。

地震为何多在夜间发生

地震的危害不但在于它的突发性强，而且在于夜间出现的频率极高，甚至会突然出现在深更半夜人们熟睡时。如1995

年1月17日日本神户发生的大地震，在清晨5点46分发生，当时绝大多数人还在睡梦中。据统计，1985年中国境内总共有25次5级以上的地震发生，其中在日落后的19点以后到次日凌晨6点之间发生的大地震竟有20次之多。对受害者而言，地震在夜间发生更是雪上加霜。

*1995*年大阪地震破坏的公路

其实地震随时都可能发生，而事实上多在夜间发生，主要是因为受外因——太阳和月亮引力的影响。我们知道，海水在一天里有两次涨落，是由太阳和月球的引力所引起的。根据测定，北京一带的地壳在朔望时，即农历的初一、十五或十六，大约可以有40厘米内的升降。若是地球内部在孕育地震的过程中，当底下的岩石接近破裂的力的作用时，而这时正好又受到太阳和月球的引力作用，这样蓄势良久的地震能量就会猛然间迸发出来。

由此看来，地震多在夜间发生，而且还常在农历的初一、十五前后发生并非偶然。

火山的魔力

火山是地球内部熔融岩浆等高温物质喷出地表堆积形成的高地。火山喷发时，地球表面就像被炸出了一条连接地下深处的通道，一根通向岩浆源地的“喉管”。一时间，大量炽热的岩浆、气体、尘埃和围岩碎屑、熔岩块、石块等，从“喉管”中喷突而出，冲向高空，形成一根巨大粗壮的火柱。火柱冲至一定高度，体积急速膨胀，形成了似氢弹爆炸的蘑菇状烟云。烟云是由喷出的气体、水蒸气以及细小的火山碎屑物（包括火山灰）、岩屑物质等构成，其中带正电荷的大量水汽与带负电荷的火山灰在高空相遇，由于高空气温低，两者迅速结合凝成雨滴，以暴雨形式降落，并伴有电闪雷鸣，形成了一幅既壮丽又可怕的自然景象。

火山喷发

到目前为止，以位于印度尼西亚苏门答腊

和爪哇岛之间的喀拉喀托火山的魔力最大。它将自己所在岛屿的面积炸掉了2/3，迅速形成一个300多米深的海盆。喷出的巨大火柱直冲云霄，烟云冲上70～80千米的高空；火山灰远渡重洋，环游世界，飘浮空中长达数月之久，以至于世界各地在日出或日落时，都可以看到由火山灰反射太阳光形成的灿烂霞光。

无名之火的奥秘

在我国广西壮族自治区兴安县，有一个叫小宅村的地方曾发生过一种奇怪的燃烧现象。自从1981年以来，小宅村每年只要一到秋季，就会接二连三地发生莫名其妙的火灾，有时候一天之中竟然发生20多起。而且，火灾一般是在好几个地方同时发生。在野地里，自燃起火的是稻草、干草这样的东西。在村子里，自燃起火的是茅屋、棉被、蚊帐、衣服、家具和贴

瑰丽而奇异的火焰

无名之火

在墙上的年画等。有的时候，就连湿毛巾也会突然自己燃烧起来。由于每次起火都是好几处同时发生，专家们就把这种现象叫做“群火现象”。“群火现象”的发生给当地的人们造成了很大的损失，还引起了人们的恐慌。

为什么会发生“群火现象”呢？专家们曾经来到小宅村进行调查，发现小宅村附近的地下有一个煤层，而村西大约2000米的地方正在开采硫磺矿。他们觉得，“群火现象”很有可能跟这里的地质结构有关系。根据试验，气体硫和空气当中的氧气结合成为硫酸。硫酸是强吸湿剂，可以吸收物质中的水分而使它炭化燃烧起来。小宅村的“群火现象”很可能就是这样发生的。

日本富士山还会再喷发吗

最近两年来，日本富士山周围地区发生了多起来自较深震源的低频地震，于是，有关富士山这座活火山何时喷发的揣测越来越多。为了防范富士山的下一次喷发，日本政府已经成立了专门机构，组织有关专家绘制了富士山火山喷发灾害预测图。专家组预测，富士山的喷发可能有两种类型，一种可能是从山腰流出熔岩，另一种可能是从山顶大量喷出火山灰。前一种喷发如果发生，火山熔岩的一部分可能会到达日本铁路大动脉的海道新干线，由于熔岩流动速度较慢，灾害发生时还能来得及组织人员避难。但如果后一种喷发发生，火山灰将危及整个首都圈，要是赶上雨天，还将引起停电，并将导致道路交通中断。

富士山

2002年秋天，日本地质专家们在海拔1400米高度的东北山麓钻取了直径约8厘米，长130米的连续岩芯，详细分析这些成分，有望揭开富士山喷发的历史。

阿苏伊尔幽谷中的谜团

阿苏伊尔幽谷位于阿尔及利亚的朱尔朱拉山的峡谷中，是非洲最深的一个大峡谷。可是，该峡谷到底有多深，人们从来就没有探察清楚。至于该谷底到底是什么样的，就更没有办法知道了。阿苏伊尔幽谷以其神秘和深邃吸引了无数勇敢的探险者来探寻它的奥秘。

1947年，阿尔及利亚和一些外国专家试图探明阿苏伊尔幽谷的深度，他们组成了一支联合探险队，第一个勇敢者是一个身强力壮又有丰富经验的探险队员。他系好标有深度标记的保险绳，朝着幽谷下边看了一眼，就顺着陡峭的山崖一步一步地滑了下去。时间一分一分地过去了，保险绳上的标记也在100米、300米、500米地往下移动着。当探险队员一步一步下到505米的时候，他觉得身体有点不舒服，可仍然没有看到谷底，他怀着恐惧的心情拉了拉保险绳，上边的探险队员赶紧把他拉了上来。

这次探险活动就这样结束了，可是阿苏伊尔幽谷对人们来说还是一个谜。

此后，不同的考察队纷纷赴阿苏伊尔幽谷进行考察，但都没有什么结果。直到1982年，对阿苏伊尔幽谷的考察才有了新的进展。

1982年，阿苏伊尔幽谷又迎来了一支考察队。第一个队员下到810米深的时候，说什么也不敢再往下走了，只好爬了上来。这时候，另一个经常和山洞打交道的有经验的队员已经系好保险绳。

保险绳上的标志已经移到了800米、810米、820米，最后达到了821米。山顶上的人们不禁为这个队员捏了一把汗：现在,他的情况怎么样了？离谷底还有多远呀？他在干什么呢？

其实，那个洞穴专家沿着刀削斧凿般的峭壁一步一步下到821米深度的时候，突然出现了一种莫名其妙的恐惧，他深深地吸了一口气，稍微休息了一下，却发现自己连朝谷底深处看一眼的勇气也没有了。于是，这一次的探险活动也结束了。

阿苏伊尔幽谷

阿苏伊尔幽谷探险家们所创下的最高纪录就是821米。至今无人知晓阿苏伊尔幽谷究竟有多深，那神秘的谷底到底有些什么东西。

尽管目前阿苏伊尔幽谷对人们来说还是一个未知领域，但它仍将继续吸引着探险家们，也许在不久的将来这个疑团就会被解开。

为什么赤道会有雪山存在

乞力马扎罗山位于坦桑尼亚北部的大草原，它海拔 5895 米，是非洲的第一高峰，它位于赤道附近，但山顶上终年积雪不化，因此也被称为赤道雪山。为什么在那么炎热的地区还会有雪山呢？这种奇特的自然景观是怎样形成的呢？

我们知道，气温的高低取决于地面辐射量的多少，离地面越远，气温越低；大约地势每升高 1000 米，温度要下降 6 ℃左右。高空中空气稀薄，像水蒸气和尘埃这类能吸收太阳辐射的物质也很少，而且二氧化碳、尘埃、水汽的稀少使它们对大气的保温作用减弱，地面辐射容易散失，因此高山温度一般较低。赤道地区平均温度一般在 28℃左右。如果山体高度大于 5000 米，到山顶处温度将降到 0 ℃以下，因此山麓虽然处于赤道附近，炎热无比，但在山顶依旧会有皑皑的白雪覆盖。

qǐ lì mǎ zhā luó shān shì yí zuò yuán zhuī
乞力马扎罗山是一座圆锥
xíng de huǒ shān tā shì bàn suí zhe dōng fēi dà
形的火山，它是伴随着东非大
liè gǔ de xíng chéng ér xíng chéng de dì qiào
裂谷的形成而形成的。地壳
duàn liè shí dì qiào nèi de dà liàng yán jiāng pēn
断裂时，地壳内的大量岩浆喷
yǒng ér chū jīng guò qiān bǎi wàn nián de jī lěi
涌而出，经过千百万年的积累
xíng chéng le yí zuò yuán zhuī xíng de huǒ shān mù
形成了一座圆锥形的火山。目
qián qǐ lì mǎ zhā luó shān yán jiāng huó dòng yǐ tíng
前乞力马扎罗山岩浆活动已停
zhǐ le shì yí zuò sǐ huǒ shān
止了，是一座死火山。

远眺乞力马扎罗山

lìng wài zài nán měi zhōu běi bù fēi
另外，在南美洲北部、非
zhōu zhōng bù hé yìn ní de yì xiē qún dǎo zài
洲中部和印尼的一些群岛，在
chì dào chuān guò de dì fāng fēn bù yǒu xǔ duō gāo yú mǐ de shān mài zhè xiē shān mài yě
赤道穿过的地方分布有许多高于5000米的山脉，这些山脉也
yǒu chì dào xuě shān de cún zài
有赤道雪山的存在。

dōng fēi dà liè gǔ de wèi lái
东非大裂谷的未来

dōng fēi dà liè gǔ qì shì hóng wěi jǐng sè zhuàng guān shì shì jiè shang zuì dà de liè gǔ
东非大裂谷气势宏伟，景色壮观，是世界上最大的裂谷
dài yǒu rén xíng xiàng de jiāng qí chēng wéi dì qiú biǎo pí shang de yì tiáo dà shāng hén
带，有人形象地将其称为“地球表皮上的一条大伤痕”。

dōng fēi dà liè gǔ qí shí bìng bú shì gǔ yīn wèi zài zhěng tiáo liè gǔ zhōng jì yǒu chóng
东非大裂谷其实并不是谷，因为在整条裂谷中，既有崇
shān yě yǒu gāo yuán ér qiě zài yī suǒ bǐ yà nán bù gèng fēn chéng liǎng zhī zhí dào tǎn sāng
山，也有高原，而且在伊索比亚南部更分成两支，直到坦桑

尼亚与乌干达边界的维多利亚湖地区才重合起来。在这个地球上最长而不间断的裂口内，可以找到地球的最低点、世界最高的火山、地球上最大的湖泊。

古往今来，东非大裂谷一直引人注目；在当今世界，东非大裂谷的未来命运，更是得到了举世关注。

现在越来越多的科学家试图通过勘测东非大裂谷，寻找板块分离的答案。大陆漂移说和板块构造说的拥护者在研究肯尼亚裂谷带时注意到，两侧断层和火山岩的年龄，随着离开裂谷轴部的距离的增加而不断增大，从而他们认为这里是一起大陆扩张的中心。2003年1月，来自美国、欧洲国家和埃塞俄比亚的72位科学家按计划分别抵达了埃塞俄比亚的各个地点，他们将协作完成非洲历史上最大的地震勘测。科学家们推测，火山活动频繁的东非大裂谷的“伤口”将越来越大，最终将变成海洋。但是，反对板块理论的人则认为这些都是危言耸听。他们认为大陆和大洋的相对位置无论过去和将来都不会有重大改变，地壳活动主要是做上下的垂直运动，裂谷不过是目前的沉降区而已，将来它也可能转向上升运

东非大裂谷

dòng lóng qǐ chéng gāo shān ér bú shì chén jiàng wéi dà yáng
动，隆起成高山而不是沉降为大洋。

dōng fēi dà liè gǔ wèi lái de mìng yùn jiū jìng rú hé rén men zhǐ yǒu shì mù yǐ dài
东非大裂谷未来的命运究竟如何，人们只有拭目以待。

cǎi zài huǒ qiú shang de bīng dǎo
踩在"火球"上的冰岛

bīng dǎo yì wéi bīng dòng de lù dì wèi yú gé líng lán dǎo hé nuó wēi zhōng jiān kào
冰岛意为"冰冻的陆地"，位于格陵兰岛和挪威中间，靠

jìn běi jí quān wéi ōu zhōu dì èr dà dǎo
近北极圈，为欧洲第二大岛。

bīng dǎo bú dàn hán lěng duō xuě hái shì shì jiè shang huǒ shān huó dòng zuì huó yuè de dì qū
冰岛不但寒冷多雪，还是世界上火山活动最活跃的地区。

yīn cǐ bīng dǎo yòu bèi rén men chēng wéi bīng yǔ huǒ gòng cún de hǎi dǎo
因此，冰岛又被人们称为"冰与火共存的海岛"。

guān yú bīng dǎo yǒu zhè yàng yí ge chuán shuō céng jīng yǒu yí wèi jù rén zhàn zài běi dà xī
关于冰岛有这样一个传说，曾经有一位巨人站在北大西

yáng zhè ge hǎi dǎo nán àn de yí ge gāo hǎi jiǎ shang yí dòng bú dòng de jiān shì hǎi miàn dī
洋这个海岛南岸的一个高海岬上，一动不动地监视海面，提

fáng běi ōu hǎi dào rù qīn qiāng lüè jīn tiān wǎng
防北欧海盗入侵抢掠。今天，往

rì de hǎi jiǎ yǐ jīng biàn chéng dǎo nèi de yí zuò shān
日的海岬已经变成岛内的一座山

fēng wèi yú wéi lā jié dí fù jìn dāng shí yān
峰，位于维拉杰迪附近，当时淹

zài nán àn hǎi dǐ de àn shí lù jià zài huǒ shān huó
在南岸海底的岸石陆架在火山活

dòng zuò yòng xià yě yǐ shēng chū shuǐ miàn dà dà
动作用下，也已升出水面，大大

zēng jiā le hǎi dǎo de miàn jī
增加了海岛的面积。

bīng dǎo shì shì jiè shang wēn quán zuì duō de guó
冰岛是世界上温泉最多的国

jiā suǒ yǐ bèi chēng wéi bīng huǒ zhī guó dà zì
家，所以被称为冰火之国。大自

冰岛的喷泉

1963 年喷发形成的冰岛火山岛。

然的伟大力量在冰岛呈现出温柔、粗犷、奇特、怪异、虚幻，甚至残酷、无奈，在这个岛上可以领略到冰川、热泉、间歇泉、活火山、冰雹、苔原、冰原、雪峰、火山岩、荒漠及瀑布。

为了降低火山喷发的危险，科学家们一直在对冰岛进行密切观测，哪一天火神会发威呢？

科罗拉多大峡谷

相传，大峡谷形成于一次大洪水中。当时，人类被上苍变成鱼才得以生存下来。从此以后，当地的印第安人不吃鱼类，到现在也没有改变。其实，大峡谷是在汹涌澎湃的科罗拉多河水所夹带的大量泥沙碎石所产生的巨大的侵蚀切力下形成的。大峡谷地区最古老的岩层形成于寒武纪，是由于地球内外力的相互作用而形成的。峡谷两岸随处显露着形成于不同地质年代的地层断面，岩层清晰，还保持着原始状态，是一部生动的地质“教科书”。1919 年，大峡谷被设立为国家公园。

“科罗拉多”在西班牙语中意为“红河”，这是由于河中夹带大量泥沙，河水常显红色而得名。有人说，在太空唯一可用肉眼看到的自然景观就是科罗拉多大峡谷。

大峡谷长约515千米，最深的格拉尼特峡位于托罗韦帕高地北缘下800米处，深1600米，最宽处达29千米。气象万千，被公认为北美洲的一大奇景，连罗斯福总统都慨叹那是“每个美国人都应该一看的胜景”。

峡谷中的地形奇特多变，有的尖如宝塔，有的像奇峰耸立，有的如洞穴般幽深。根据外形的特征，人们给它们起名叫狄安娜神庙、阿波罗神殿、婆罗门寺宇等。

光怪陆离的红色巨岩断层分布在峡谷两岸。值得一提的是，在阳光照耀下，红褐色的土壤和岩石呈现出的光彩五颜六色，或紫色，或深蓝色，或棕色，颜色随着太阳光线强弱的不同而变化。这种神奇的景观以其特有的魅力吸引着来自世界各地的游人。

书状崖

科罗拉多大峡谷两壁的岩层大体都是水平状态，呈阶梯状分布，远远望去，就像万卷图书层层叠叠地放在长廊般的大书架上，所以人称“书状崖”。

科罗拉多大峡谷景色

zuì zǎo lái dào zhè lǐ de ōu zhōu rén
最早来到这里的欧洲人，
dà dǐ shì xī bān yá de yì míng qí shì dé kē
大抵是西班牙的一名骑士德科
lún nà duō jí qí duì wǔ　　　nián tā shuài
伦纳多及其队伍。1540年他率
lǐng　 rén　　dào cǐ xún zhǎo huáng jīn　 tā
领300人，到此寻找黄金。他
men zài xiá gǔ biān yuán　yuán zhe shuǐ shēng zhǎo le
们在峡谷边缘，缘着水声找了

sān tiān　　 yě méi zhǎo dào tōng wǎng hé biān de lù jìng　　rú guǒ zhǎo dào de huà　 tā men yí dìng
三天，也没找到通往河边的路径。如果找到的话，他们一定
huì dà chī yì jīng　　gū jì nà shí de hé dào jīn kuān　 mǐ
会大吃一惊：估计那时的河道仅宽1.8米。

duō nián hòu　　 ài fǔ sī shàng wèi dài lǐng tàn xiǎn duì lái dào zhè lǐ　 tā cóng jiā lì
300多年后，艾甫斯上尉带领探险队来到这里。他从加利
fú ní yà wān qǐ máo　 yán kē luó lā duō hé shàng sù　 liǎng ge yuè hòu tā dēng shàng àn　 zài
福尼亚湾起锚，沿科罗拉多河上溯，两个月后他登上岸，在
nán lǐ mǔ qí zhe luó zi yán zhe hǎi àn xíng jìn　　hòu lái tā shì zhè yàng jì shù yán jià de　　 jù
南里姆骑着骡子沿着海岸行进。后来他是这样记述岩架的，距
dǒu qiào shēn yuān de biān yuán bú dào　　 lí mǐ　 yuān shēn　　 mǐ　 lìng yì biān　　 yì dǔ dǒu zhí
陡峭深渊的边缘不到8厘米，渊深300米；另一边，一堵陡直
yán bì chà bu duō chù jí tā de xī gài　　 kě jiàn kē luó lā duō dà xiá gǔ shì duō me de dǒu qiào
岩壁差不多触及他的膝盖。可见科罗拉多大峡谷是多么的陡峭。

遇水显字的奇石人

在内蒙古东部科尔沁草原的一座石山上，有一处遇水显字的奇石。

这座石山名叫"毕其格台哈达"，汉语的意思是"有字的山"。山脚下有一条清泉汩汩流淌，奇特的是，只要用泉水把山石壁涂湿后，石壁便会出现字迹，待水干了，字迹也就消失了。

这处石壁遇水显出的字迹十分古怪，如同大楷毛笔在上面书写的类似蒙、藏文的字样，有的横行，有的竖行，字体奇特，至今无人能够破译。而奇石上的文字始于何年何月，为何人所写，已难以考证。

当地只流传着这样一个关于奇石的传说：在很久很久以前，当地一位猎人在这里打伤了一只狐狸。当他追赶这只狐狸到山顶时，不慎坠落悬崖，坠入山下的泉水中。猎人醒来后，发现那只狐狸正用舌头蘸着泉水为他舔洗伤口。猎人悔恨交加，便用箭蘸水，在石壁上写下了忏悔之语。很多年以后，人们发现了这座石山上的字迹，便称它为"毕其格台哈达"。

第六章

气 象 之 谜

wèi shén me huì yǒu cǎi xuě
为什么会有彩雪

雪后的夜晚仍然很亮

xuě huā shì bái sè de zhè méi
雪花是白色的，这没
yǒu yí wèn kě shì zài lì shǐ shang què
有疑问。可是在历史上却
céng piāo luò guò wǔ yán liù sè de cǎi xuě
曾飘落过五颜六色的彩雪，
yǒu hóng xuě hēi xuě lǜ xuě lán
有红雪、黑雪、绿雪、蓝
xuě huáng xuě děng děng
雪、黄雪等等。

wèi shén me chú bái xuě wài hái huì
为什么除白雪外还会
yǒu qí tā wǔ yán liù sè de cǎi xuě ne
有其他五颜六色的彩雪呢？
xǔ duō kē xué jiā jīng guò cháng qī de guān chá hé yán jiū fā xiàn kě néng shì yóu yuán shǐ lěng jué
许多科学家经过长期的观察和研究，发现可能是由原始冷蕨
suǒ dǎo zhì de yuán shǐ lěng jué shì yì zhǒng yóu dān xì bāo gòu chéng de zuì jiǎn dān de zhí wù
所导致的。原始冷蕨是一种由单细胞构成的最简单的植物。
tā men zài jí qí hán lěng de huán jìng zhōng fán yǎn de fēi cháng kuài yǒu hóng de lǜ de zǐ
它们在极其寒冷的环境中繁衍得非常快，有红的、绿的、紫
de děng duō zhǒng tā men néng shì yìng
的等多种。它们能适应
xuě dì fǎn shè de yáng guāng néng gēn
雪地反射的阳光，能根
jù zì shēn de xū yào lái xuǎn zé suǒ
据自身的需要来选择所
xū de guāng xiàn hé shù liàng lái gǎi
需的光线和数量，来改
biàn zì shēn de yán sè bǐ rú
变自身的颜色。比如，
rú guǒ xū yào hóng wài xiàn tā men
如果需要红外线，它们

冰晶

就变成绿色或天蓝色；如果需要紫外线，就变成红色。它们的细胞胚被风吹到雪上，过几个小时周围冰雪就会改变颜色。关于这种微小细胞内部所发生的化学变化，人们至今还搞不清楚。目前，科学家们对原始冷蕨的研究仍在继续。

奇怪的冰块究竟从何而来

1987年5月14日，河南省周口市北郊乡许营村王本合的院内，突然落下来一个奇异的冰块。

王本合的妻子朱凤荣，约28岁。她于5月14日下午5时左右，在堂屋门前水泥地上闲坐时，忽然听到一个由远及近的呜呜声，她抬头一看，只见一道黑光从天而降，仔细一瞧，距她约10米处的粪坑南沿，落下来一个蓝莹莹的圆东西，那个圆东西打了一个滚儿，就停在1米多宽的粪坑东侧不动了。起初，朱凤荣还有一些恐惧，不敢靠近。这时与朱凤荣同时听到响声的邻居于桂英，近

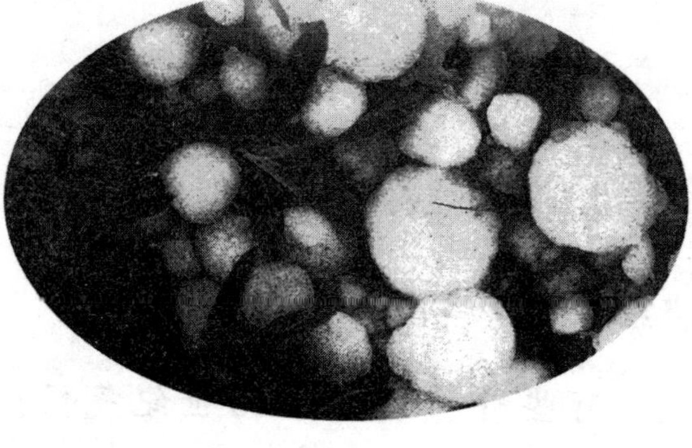

前摸摸觉得透骨凉，用手掂掂估计约有1千克重。

据一些目击者介绍，冰体呈圆柱形，青蓝色，有浓浓的香皂味儿，直径约25厘米、厚约8厘米。一面较平展光滑，另一面却有许多麻点，中间还有一个带麻点的小圆坑，圆坑的直径约5厘米，深约3厘米。

消息传开，惊动了100多位村民前来观看。人们发现冰体较坚硬，费了好大的劲才把它砸烂。于桂英等5位村民，用冰块在胳膊上涂擦后，虽多次进行搓洗，但3天后香皂味依然存在。另外一些村民将冰块装在瓶子里化成水后，发现冰水仍是蓝色的。有人说此物是从飞机上掉下来的，也有人说是冰雹。但这天既没有飞机从村子上空经过，也没有明显的天气变化。因此至今这块奇冰的来历还是一个谜。

“温室效应”的争议

全球气候在整个20世纪确实一直在变暖，但气候变暖是不是因为“温室效应”呢？会不会持续变暖呢？对此，众说纷纭。

有些科学家认为20世纪气候变暖是“小冰期”气温回升

全球气候变暖导致灾害频发，水灾即为一种常见灾害

的延续，是自然演变的结果，跟“温室效应”无关。在地球存在的45亿年中，气候始终在变化，并且是以不同尺度和周期冷暖交替变化的，也就是说，20世纪气候变暖是正常的自然现象，人们不必恐慌，到了一定的时期气温自然会变冷。

但还有些人反对以上观点，他们认为，全球气候变暖是因为“温室效应”，而人类是造成“温室效应”的罪魁祸首。近几十年来，发展迅速的工业制造业以及日益增多的汽车等，导致燃烧矿物燃料越来越多，人类向空气中排放的二氧化碳大大增加。加上绿色植物尤其是森林遭到了极大破坏，无法大量吸收人类排出的二氧化碳，因此，大气层中的二氧化碳浓度大大增加，阻碍了大气和地面的热交换，引发“温室效应”。大量的二氧化碳既能吸收热量，又阻止了地球散热，地球热交换因此失去了平衡，导致全球气温不断升高。最终的结论是气温在未来一百年可能会增加1.4～5.8℃。如果这种预测变成现实，地球将会发生一场大灾难。农业将遭到毁灭性打击；海平面将上升，淹没更多陆地，并导致淡水危机；

全球干旱加剧是气候变暖的另一后果

各种自然灾害将轮番发生，生态平衡将遭到破坏。

尽管"温室效应"论十分盛行，但也有不同的声音。不少科学家认为目前地球正朝低温湿润化方向发展。他们认为，尽管20世纪的气温总体上呈上升趋势，但二氧化碳浓度变化与气温曲线变化并非完全一致，20世纪的40～80年代，有过降温的过程。这种看法也不无道理，他们从两个方面提出证据支持自己的观点。

首先，他们认为，气候变化受地球自身反馈机制的影响。一方面，由于大气与海水间存在着热交换，气温升高时，热交换增强，海水吸收热量升温后，对二氧化碳的溶解度也会增加。不仅如此，气温的升高还会增加地球上的生物总量，寒冷地带由于变热，生长在那里的植物生长期变长，植物带也在高温的作用下移向高纬度的地方，二氧化碳被森林吸收后，要经过更长的时间才能回到大气层。另一方面，由于空气极度湿润，植物残体在这种情况下不能充分分解，以泥炭的形式储存到地壳，这正是碳元素从生物圈到地圈的转化过程。

其次，气温上升过程中产生的水蒸气也能起到一定程度的缓解作用。气温升高导致蒸发加剧，大气含水量增加，形成一些云，大量的太阳辐射会被这些云反射、散射掉，从而缓解气温的上升。

气象系统是十分复杂的，无论地球变暖是否是因为“温室效应”，我们都应该加以关注。相信总有一天我们会弄明白地球变暖的来龙去脉，从而改善环境，造福人类。

神秘之雨的迷惑

真难以想象像雨这样平常的东西都能充满神秘。

有一种少见的奇怪报告是关于晴天大降雨的。1886 年 10 月在美国北卡罗来纳州夏洛特市，当地报纸报道说两棵树之间的一小块空地连续 3 个星期每天下午都会降雨，无论天空是乌云密布还是万里无云。

美国陆军通信兵的一名工作人员前往调查，惊奇地发现报道属实。

在 10 月份的《每月天气回顾》上，他写道：“（第一天）

下午4点47分和4点55分分别降了雨，当时阳光普照。”第二天他又去了一趟，结果在下午4点05分至4点25分之间，万里无云的天空下起了小雨。有时雨点会降到方圆0.8千米的地区，但似乎总是以那两棵树为中心，特别是雨量小的时候更是如此。陆军通信兵派人过去以后，那奇怪的雨如同神秘地开始一样又神秘地停止了。

科学通常把晴朗天空下的降雨解释为是风把其他地方的雨吹了过来。但这解释不了为什么雨会一而再、再而三地降落在同一地点上。

在空中飘荡的“幽灵”

风是一种常见的自然现象，但是，大自然也造出了许多怪风，它就像在空中飘荡的幽灵，给人类的生产、生活带来了危害。

有一句俗话——“清明前后刮‘鬼风’”，这种所谓的“鬼

日月并升的地方

“日月并升”是浙江海盐南北湖鹰窠顶上的著名景观，它和“海宁观潮”并称为“双绝”而闻名于世。“日月并升”是指太阳和月亮在地平线上同时升起，这是一种天文现象。

每年农历十月初一，当东方刚透红，海静气清的时候，一个红褐色的圆球会猛然跳出雾障。片刻间，这个圆球的左边钻出了一个金色的“月牙”，忽而缩了回去，忽而又从圆球的右边钻出来，过一会儿，再缩回去。“金月牙”在圆球的周围忽隐忽现，形成一幅奇妙瑰丽的图画。但你千万别被眼前的表象所迷惑：实际上，这个红褐色的圆球是月而不日，而那个跳跃着“金月牙”才是真正的太阳。

风”能转着圈跟着人走。世界上当然是没有鬼的，这种风其实是一种尘卷风，它一旦遇到障碍物，便会改变前进的方向，在一个地方打转，有时它还挟带着泥沙、纸屑旋转上升。

有一种叫“焚风”的风可以把东西点燃，在干燥季节能使树叶、杂草等着火，引起火灾；冬季，这种风可以使积雪在很短时间里融化，造成雪崩。“焚风”最早是指气流越过阿尔卑斯山后在德国、奥地利和瑞士山谷的一种热而干燥的风。实际上在世界其他地区也有“焚风”，如北美的落基山、中亚西亚山地、高加索山、中国新疆吐鲁番盆地。

在怪风家族里，不仅有可以点燃东西的“焚风”，还有无比寒冷的“布拉风”。约100年前，俄国黑海舰队的四艘舰艇停在海岸边，忽然刮来一阵狂风，卷起千层巨浪，刹那间船被冻成了一座冰山，最后全部沉没。“布拉风”是一种具有飓风力量的极冷的风，有时会整个昼夜吹个不停。

要说对人类危害最大的还得算台风。

台风是一种形成于热带海洋上的风暴，太阳的照射使海面上的空气急剧变热、上升，冷空气从四面八方迅速赶拢来，热空气不断上升，直到到达高空变为冷空气为止。这些热空气冷凝后，立即变为暴雨，四面八方冲来的冷空气夹着狂风暴雨形成了一个大旋涡，从而形成台风。

台风理所当然是一种恐怖的怪风，然而怪风家族里的一些“微风”也具有一定的破坏力。

怪风虽怪，但如果我们巧妙地加以利用，有些怪风也可以为人类造福。比如，人们利用“钦罗克”风带来的热量，在经常出现“钦罗克”风的地方种植一些作物和果树，便可利用“钦罗克”风带来的热量来促进植物的生长，从而使当地也可种植一些原本要栽在南方的植物。同时，作物和水果的品质也得到了改善。只要我们能够认识它们，就一定会找到办法兴利避害，让怪风为人类服务。

lóng juǎn fēng wèi shén me yǒu rú cǐ shén qí de wēi lì
龙卷风为什么有如此神奇的威力

měi guó diàn yǐng lóng juǎn fēng yǒu yí ge lóng juǎn fēng de jìng tóu lóng juǎn fēng tū rán
美国电影《龙卷风》有一个龙卷风的镜头：龙卷风突然
xí jī le nóngchǎng zhuāng jia bèi yì sǎo ér kōng yì kē dà shù bèi lián gēn bá qǐ xiàng yì
袭击了农场，庄稼被一扫而空；一棵大树被连根拔起，像一
kē cǎo yí yàng bèi pāo dào le hěn yuǎn de dì fāng yì tóu qiángzhuàng de niú bèi juǎn dào kōngzhōng
棵草一样被抛到了很远的地方；一头强壮的牛被卷到空中，
bù tíng xuánzhuǎn fēi chí zhōng de qì chē bèi fēng juǎn qǐ shuāichéng yì duī fèi tiě
不停旋转；飞驰中的汽车被风卷起，摔成一堆废铁。

kě jiàn lóng juǎn fēng de fēng sù qí dà wú bǐ gēn běn bù néngyòng fēng sù yí zhí jiē
可见，龙卷风的风速奇大无比，根本不能用风速仪直接
cè dìng jí shǐ shì zuì jiān gù de yí qì yě huì bèi lóng juǎn fēng shuāi de fěn shēn suì gǔ
测定，即使是最坚固的仪器，也会被龙卷风摔得“粉身碎骨”。

rén men jīng guò cháng qī de guān chá yán jiū duì lóng juǎn fēng de chǎnshēng yuán yīn yǐ jīng yǒu
人们经过长期的观察研究，对龙卷风的产生原因已经有
suǒ liǎo jiě lóng juǎn fēng qí shí jiù shì chǎnshēng zài léi yǔ yún zhōng de yì zhǒng jí sù xuánzhuǎn de
所了解。龙卷风其实就是产生在雷雨云中的一种急速旋转的
kōng qì xuán wō zhè zhǒng kōng qì xuán wō xiàng yí ge jù dà de lòu dǒu cóng yún dǐ shēn xia lai
空气旋涡。这种空气旋涡像一个巨大的漏斗从云底伸下来，
yǒu shí shēnshēn suō suō de xuán guà zài yún xià
有时伸伸缩缩地悬挂在云下；
yǒu shí zé lā de chángcháng de yǐ zhì chù dào
有时则拉得长长的以致触到
dì miàn jiù xiàng dà xiàng de bí zi yí yàng
地面，就像大象的鼻子一样。
lóng juǎn fēng de zhí jìng bú dà tōngcháng zài
龙卷风的直径不大，通常在
jǐ mǐ dào jǐ bǎi mǐ zhī jiān zuì cháng kě
几米到几百米之间，最长可
dá mǐ shòumìng yě bù cháng cóng
达1000米，寿命也不长。从
yì xiē bèi lóng juǎn fēng pò huài de xiànchǎng kě
一些被龙卷风破坏的现场可

龙卷风

龙卷风形成示意图

yǐ tuī zhī lóng juǎn fēng lái qù cōngcōng qǐng kè jí shì
以推知，龙卷风来去匆匆，顷刻即逝。

zài shàng hǎi qīng pǔ de yí cì lóng juǎn fēngzhōng yí wèi zhèng zài jià shǐ shì zhí bān de lún
在上海青浦的一次龙卷风中，一位正在驾驶室值班的轮
chuán jià shǐ yuán qīn shēn jīng lì le lóng juǎn fēng de tū rán xí jī lóng juǎn fēng chuī guò hòu tā
船驾驶员亲身经历了龙卷风的突然袭击。龙卷风吹过后，他
dǎ kāi jià shǐ shì cāng mén yí kàn fā xiàn jià shǐ shì yǐ jīng tuō lí chuán tǐ bèi bān dào lí
打开驾驶室舱门一看，发现驾驶室已经脱离船体，被搬到离
hé hěn yuǎn de àn shang ér tā què ān rán wú yàng háo fà wèi sǔn
河很远的岸上，而他却安然无恙，毫发未损。

lóng juǎn fēng dài lái de zāi nàn yǐ jīng shǐ rén tán fēng sè biàn dàn shì zhè bìng bú
龙卷风带来的灾难已经使人谈“风”色变，但是这并不
fáng ài rén men duì zhè zhǒng zì rán xiàn xiàng de mó fǎng hé lì yòng mù qián guān yú lóng juǎn fēng
妨碍人们对这种自然现象的模仿和利用。目前，关于龙卷风
xíng chéng de jù tǐ yuán yīn réng rán zhòng shuō fēn yún wú dìng lùn kě ràng rén xìn fú
形成的具体原因仍然众说纷纭，无定论可让人信服。

巨大的“漏斗”

龙卷风的风速可达每秒***100***多米，有时甚至超过每秒***200***米，比台风的速度还要大得多。它的样子很像一个巨大的漏斗或大象的鼻子，从乌云中伸向地面。它往往来得非常迅速而突然，并伴有巨大的轰鸣声。

龙卷风内部的空气很稀薄，压力很低，就像一只巨大的吸尘器，能把沿途的一切都吸到它的“漏斗”里，直到旋风的势力减弱变小或龙卷风内的下沉气流下沉时，再把吸来的东西抛下来。龙卷风对人、畜、树木、房屋等生命财产均有很大的破坏作用。

黑色闪电的奥秘

摩亨佐达罗原是古印度的一座城市，大约在公元前15世纪突然从地球上消失了。几千年来，这一直是个谜。

古印度古籍这样记载这件事：一个令人目眩的天雷和一场无烟的大火，紧接着是惊天动地的爆炸。爆炸引起的高温使得水都沸腾了。

是什么原因导致了这座城市的毁灭呢？科学家经过多年研究后得出结论，这是由黑色闪电所引起的。那么究竟什么是黑色闪电呢？

据分析，它实际上是大气中经过太阳辐射、宇宙射线和电场作用后形成的活泼化学物质，如臭氧、羰基化合物、碳氢化合物，等等。这些物质能够浓缩，蕴藏着巨大的能量，不仅能燃烧发光，而且在大量积聚时极易发生猛烈爆炸，产

奇异闪电

早上的空气最好吗

对人体健康来说，空气的好坏取决于空气中氧气和其他有害气体含量的多少。氧气含量高，有害气体含量少则空气好，反之则不好。氧气主要是绿色植物利用二氧化碳和水在光照条件下进行光合作用而放出的。白天，光照好，光合作用起主要作用，植物产生的氧气多；晚上，植物的光合作用停止，而呼吸作用照样进行，直到早上。这时，花园、树林中的二氧化碳含量都较高，而含氧量较低。所以早上的空气并不是最好的。

生 1 ~ 1.5 万度的高温。它们还能散发出有毒气体，致人于死地。不过它们在寒冷状态中能长时间不释放能量和发光，不能轻易被看见，“黑色闪电”即因此而得名。黑色闪电的种类很多，各种黑色闪电能同时存在于自然界，轻者在空气中自由飘荡，当密度增大变重时，便降落到地面，常常放出耀眼的光芒。它能长期附在地表甚至深入土层，而且在无雷雨的晴天也能光顾，因此严格说来，它并不是我们平常理解的那种闪电，用避雷针也不能制止它肆虐。

经过计算，摩亨佐达罗发生惨祸时，其上空空气中可能有 2000 ~ 3000 个直径为 20 ~ 30 厘米的黑色闪电。

多雾之谜

英国伦敦是世界著名的“雾都”，它的形成主要是由于伦敦位于欧洲西部的大西洋中，是墨西哥湾暖流与东格陵兰寒流交汇的地方。墨西哥湾暖流的气团暖湿、质轻，当它沿寒流的干冷、质重的气团斜面上升时，因温度降低，水汽凝结，在近地面处就形成浓厚的锋面雾。弥漫的大雾笼罩着大地，灰蒙蒙的一片，顿时天地相连，海天一色。那么雾是怎样形成的呢？

山间晨雾

雾不是凭空从天上掉下来的，它是由浮游在低空中的小水滴凝结而成的。空气中所含有的水汽是一定的，而且随温度的升高而增加，当增加到最大限量时水汽就饱和了，等到高出饱和水汽量时，多余的水汽就凝结成水滴或冰晶。如果空气中水汽含量非常大，而气温降低到一定的程度，一部分水汽将会凝结成很多小水滴。这些小水滴会越来越多而形成雾，人们的视线就会逐渐被阻碍。

为什么天空会呈现不同的颜色

天空常常是蓝色的，但是有时天空也会呈现出不同的颜色，如灰色、白色等。这是什么原因呢？

原来，天空所呈现的颜色与大气对太阳光的散射有关。当太阳光通过大气遇到空气分子和微尘时，太阳光的一部分能量便以它们为中心，向四面八方散射开来，这种现象称为

蔚蓝的天空

dà qì de sǎn shè
大气的散射。

sǎn shè hòu de tài yáng guāng　　yí bù fèn fǎn huí tiān kōng　　yí bù fèn dào dá dì miàn
散射后的太阳光，一部分返回天空，一部分到达地面，
yí bù fèn bǎo liú zài dà qì zhōng
一部分保留在大气中。

jiǎ ruò kōng qì fēn zǐ zhí jìng xiǎo yú tài yáng kě jiàn guāng bō cháng　　zé bō cháng yù duǎn
假若空气分子直径小于太阳可见光波长，则波长愈短，
sǎn shè zuò yòng yù dà　　zài qíng lǎng de tiān qì li　　dāng tài yáng wèi yú tiān dǐng shí　　bō cháng
散射作用愈大。在晴朗的天气里，当太阳位于天顶时，波长
jiào duǎn de lán guāng bèi sǎn shè　　yǐ shàng　　ér bō cháng jiào cháng de hóng guāng jǐ hū quán bù
较短的蓝光被散射 50% 以上，而波长较长的红光几乎全部
tōng guò　　suǒ yǐ tiān kōng chéng lán sè　　yǔ guò tiān qíng　　tiān kōng chéng qīng lán sè yě shì zhè ge
通过，所以天空呈蓝色。雨过天晴，天空呈青蓝色也是这个
dào lǐ　　xuán fú zài kōng qì zhōng de chén āi　　yān lì　　shuǐ dī děng　　qí zhí jìng dà yú bō
道理。悬浮在空气中的尘埃、烟粒、水滴等，其直径大于波
cháng　　tā men duì bù tóng bō cháng de sǎn shè xiào guǒ dà zhì xiāng dāng　　suǒ yǐ dāng dà qì zhōng hán
长，它们对不同波长的散射效果大致相当。所以当大气中含
yǒu chén lì shí　　tiān kōng chéng bái sè　　bèi yán zhòng wū rǎn de gōng yè qū　　yóu yú dà qì zhōng
有尘粒时，天空呈白色。被严重污染的工业区，由于大气中
chén āi hán liàng zēng duō　　tài yáng guāng bèi dà liàng sǎn shè　　tài yáng kàn shàng qù shì yí ge wú guāng
尘埃含量增多，太阳光被大量散射，太阳看上去是一个无光
zé de hóng sè qiú tǐ　　yán zhòng shí hái huì xíng chéng　　hūn àn de zhōng wǔ
泽的红色球体，严重时还会形成"昏暗的中午"。

jiǎ rú méi yǒu dà qì de sǎn shè zuò yòng　　tiān kōng jiù bú zài shì wèi lán sè　　zǎo chen
假如没有大气的散射作用，天空就不再是蔚蓝色，早晨
yě kàn bu jiàn hóng rì rǎn rǎn shēng qǐ　　liè rì dāng kōng shí tài yáng míng liàng ér cì yǎn　　bèi yáng
也看不见红日冉冉升起，烈日当空时太阳明亮而刺眼，背阳
chù zé àn dàn wú guāng　　wū nèi yí piàn qī hēi　　tài yáng yí luò shān jiù biàn de shēn shǒu bú jiàn
处则暗淡无光，屋内一片漆黑，太阳一落山就变得伸手不见
wǔ zhǐ
五指。

yǎng qì wú qióng wú jìn ma
氧气无穷无尽吗

zài dì qiú shang rén lèi hé qí tā shēng wù hū xī kōng qì zhōng de yǎng hū chū èr yǎng
在地球上，人类和其他生物呼吸空气中的氧，呼出二氧
huà tàn shù mù děng lǜ sè zhí wù zé xī shōu èr yǎng huà tàn zài guāng hé zuò yòng xià shì
化碳，树木等绿色植物则吸收二氧化碳，在光合作用下，释
fàng chū yǎng qì rú jīn shì jiè shang de rén kǒu yuè lái yuè duō shù mù yuè lái yuè shǎo
放出氧气。如今，世界上的人口越来越多，树木越来越少，
rén lèi xiāo hào de yǎng qì liàng yǔ rì jù zēng ér shù mù chǎnshēng de yǎng qì què jiǎn shǎo le
人类消耗的氧气量与日俱增，而树木产生的氧气却减少了。

森林等绿色植物是氧气的重要来源。

氧气占空气体积的21%。人和其他生物呼吸空气，就是吸进空气中的氧，而把体内废气——二氧化碳释放出来。世界上一切氧化反应均需要氧的参与才能完成。

随着工业的发展，地球上二氧化碳的量不断增加，英国物理学家凯尔文于1898年曾十分担心地说：“随着人口的增多和工业的发达，500年后地球上的氧气将会逐渐消耗光，只剩下人类日益增多的二氧化碳。”

人类对于大自然索求无度，已经导致了许多难以挽救的后果。如果认识不到这一点，继续破坏环境，说不定真有一天，氧气会被耗尽！

为什么说臭氧层是地球的“保护伞”

我们居住的地球周围，围绕着一层厚达2000～3000千米的大气，人们称之为“大气圈”。大气圈的结构与楼层相似，共分为5层。由地面向上至8～18千米的高度称为对流层；对流层顶往上至55千米左右为平流层；平流层顶到85千米左右为中间层；中间层顶至800千米的高度为暖层；暖层顶往上称为散逸层。

我们人类生活在大气中，一刻也离不开大气。大家知道，人类离不开大气的主要原因是人类要靠呼吸吸收大气中的氧气以维持生命。可是，大家可能还不知道，大气除了把氧气供给我们呼吸之外，大气中的臭氧还在保护着我们不受紫外线的伤害。

臭氧是一种气体，它与氧气一样都是由氧原子组成的，不同之处在于臭氧分子中比氧气多了一个氧原子，其分子式是 O_3。臭氧的一大特性是能大量吸收来自太阳辐射中的紫外线。臭氧集中分布在平流层中，形成一个厚达 30～40 千米的围绕地球的臭氧层，臭氧层中的臭氧以地表往上 25～30 千米处最为密集。

虽然臭氧浓度不超过 0.001%，把它压缩一下只有比鞋底还薄的一层，但它却身手不凡，身负重任，太阳辐射到地球的紫外线 99% 由它在平流层吸收。只有少量的紫外线能够通过臭氧层到达我们集中居住的地球表面，而这极少量的紫外线不但不会伤害我们人类和其他生物，而且对人类的健康和生物的生长是有利的。由于臭氧层对人类和地球生物具有保护作用，因而被人们称之为地球的“保护伞”。

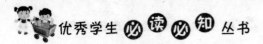

第七章

动 物 之 谜

恐龙是恒温动物还是变温动物

我们知道，恐龙是与蜥蜴相似的爬行动物，而且“恐龙”这个名字也和蜥蜴有着一些联系。综观整个爬行纲动物，从龟到蛇到蜥蜴再到鳄，都有一个共同的特征，就是它们的体温是随着环境温度的变化而变化的，所以叫冷血动物，又叫变温动物。

但温血动物如鸟类、哺乳类就不同了，它们身体中有可以调节体温的机制，属于恒温动物。当环境温度变化时，它们身体里的系统就会及时运作起来，以适应这种变化。所以，一般来说，恒温动物是不需要冬眠的。

恐龙被发现后的一段时期内，几乎所有的科学

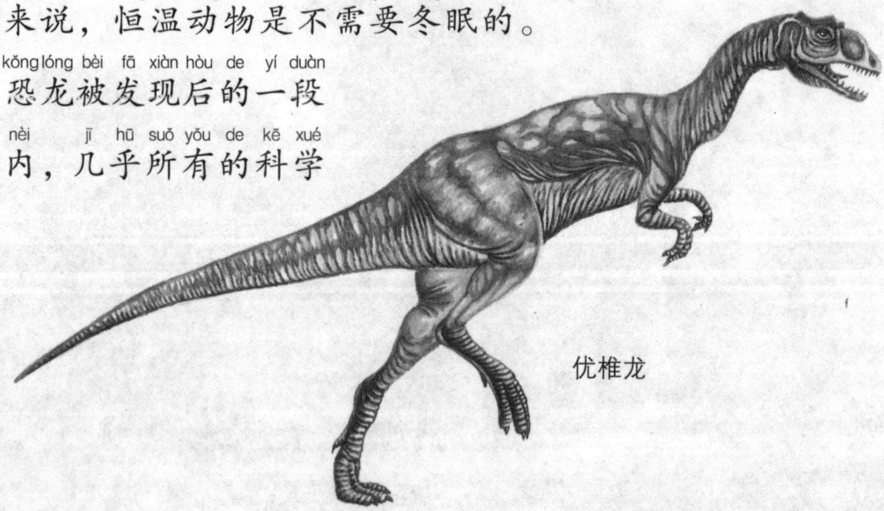

优椎龙

家都认为恐龙属于变温动物，即使是恐龙的复原像，也是参照这种观念而确定的。但是，随着时间的推移，一些科学家在大量的研究后提出恐龙是恒温动物的观点。

中华龙鸟骨骼化石

1996年春天，从中国东北大地传来了一个令人振奋的消息，一具带羽毛的恐龙化石出土了，科学家们将它命名为“中华龙鸟”。它的骨骼与小型兽脚类恐龙细颚龙的骨骼很相似。羽毛的隔热作用是很明显的，这无疑为坚持恐龙是恒温动物的一派找到了一个证据。

恐龙究竟是恒温动物还是变温动物，甚至，恐龙是不是属于爬行类动物，仍然还是个谜，有待于科学界找出更为有力的证据来证明。

恐龙的皮肤

*1989*年*10*月，中国四川自贡恐龙博物馆的欧阳辉在一具较完整的剑龙骨架化石上发现了一块皮肤化石。当时，皮肤化石被保存在一种紫红色泥岩中，岩石的年龄约有*1.4*亿年。皮肤和印膜表面纹饰足以说明它是一种有鳞的皮肤，皮肤表面还有六角形的角质鳞，但比一些恐龙复原像中所描绘的鳞片要小得多。它与现在的蛇、蜥蜴等爬行动物的皮肤很相像，已修整出的皮肤化石有近*400*平方厘米，几乎每平方厘米都含有三枚大小相似、形态一致的角质鳞片。

是植物杀害了恐龙吗

中国科学家根据对部分恐龙化石的化学分析，发现了是植物杀害了这种史前动物的证据。

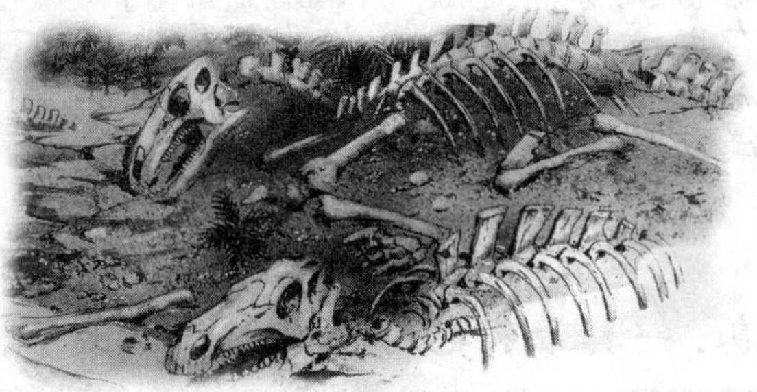

恐龙骨骼

他们选取了 50 多个埋藏在四川盆地中部、北部和南部的侏罗纪不同时代的恐龙骨骼化石样本，并对照同时代的鱼类、龟类及植物化石进行了中子活化分析，发现恐龙骨骼化石中存在微量元素异常。

主持这项工作的成都理工学院博物馆馆长李奎说：“这些恐龙化石中砷、铬等元素的含量明显偏高，有可能是恐龙生前过多食用高砷、铬植物，使砷、铬沉淀在骨骼中的结果。”对恐龙化石埋藏地的植物化石研究表明，植

青岛龙化石

物化石中含砷量也非常高。砷即砒霜，过量摄入会导致生物死亡。初步推测，这些恐龙食用含砷植物，引起慢性中毒，逐渐死去。事实是否如此，还需要进一步证明。

为什么有的爬行动物没有灭绝

6500万年前，恐龙惨遭灭顶之灾。可为什么同是爬行动物的鳄类、龟鳖类、蜥蜴类、蛇类以及那个不大出名的喙头蜥，却能大难不死，生存至今？

这个问题至今没有十分肯定的答案，但科学家认为可能有以下几个因素：

第一，残存的爬行动物身躯均较细小，远不如恐龙那样庞大。大有大的短处，小有小的长处。体形小在生存方面起码有两大优势：

鬣蜥

一是在危机来临时便于找地方（如地下洞穴、岩石缝隙）隐藏和躲避；二是肚子小，食量不大，在食物缺少时比较容易填饱肚子，不至于饿死。

第二，残存的爬行动物一直生活在与中生代相似的自然环境中。例如地球的热带和亚热带地区，气候终年炎热或温暖，各类爬行动物十分繁盛。特别是鳄类，不仅生活在这些地区，而且像它的祖先一样，从未离开过比较安全的水栖环境。

第三，一些残存的爬行动物对气候的季节性变化有较强的适应能力。如蛇类、蜥蜴类、鳄类、龟鳖类，在寒冬来临之际它们能进行冬眠。有了这一招，它们就可以把自己的生活范围扩大到温带，并且能使自己的家族延续不断。

第四，缺少竞争者。在残存的爬行类动物栖息的地方，因地理隔离而独处一隅（如海岛上）。那里没有生活习性与爬行动物一样的哺乳动物，没有谁与它们争食，当然更不能有捕食它们的哺乳动物存在。印尼科莫多岛上的巨蜥和新西兰一些小岛上的喙头蜥，就生活在这类地方。它们从恐龙时代一直延续到现在，重

鳄鱼

要原因之一就是没有天敌。

对于爬行动物没有灭绝，是否有更确切的答案，值得期待！

候鸟为什么随季节迁飞

每到秋天，北方的大雁便会成群地飞上高空，排成“人”字形或“一”字形，向着遥远的南方飞去，来年春天，它们又会按原路飞回。这类鸟叫做候鸟，这种依季节不同而变换栖息地的习性，叫做季节迁飞。

除候鸟外，有些昆虫也有迁飞习性。美洲有一种体形美丽的君主蝶，被喻为“百蝶之王”。每年秋天，这种蝴蝶便成群地从北美出发，行程3000多千米到达南方。冬天，它们在墨西哥、古巴、巴哈马群岛和加利福尼亚南部生活，到了第二年春天便开始飞往北方。它们的繁殖一般在途中进行，随后自己就死亡了，新一代君主蝶被孵化出来，沿着父辈

春天来了，家燕又飞回了北方

的足迹飞往南方过冬。一代接一代，君主蝶就这样地繁衍下去。

鸟类和昆虫是怎样具有这种迁飞的本领的呢？为什么它们每年都必须迁飞？

科学家们推测，候鸟随季节迁飞可能有两个原因：一是去南方过冬，躲避严寒的天气；二是寻找食物源，因为北方到了秋季以后，草木凋零，食物非常缺乏，候鸟到南方可以找到丰富的食物。但这些说法缺乏可信度。为什么其他鸟类不迁飞呢？它们难道不用去寻找食物吗？

一些科学家认为，动物的季节迁飞是遗传因素造成的。但关于季节迁飞的研究才刚刚开始，科学家期待着能从动物的季节迁飞中发现更多有趣的事情。

凤凰的原型是什么动物

凤凰是我国古代传说中的一种吉祥动物。相传凤和凰是一对伴侣，双宿双栖，形影不离，凤是雄性鸟，凰是雌性鸟，那么，凤凰的原型动物是什么呢？

有人认为凤凰的原型是极乐鸟或某种已灭绝了的巨鸟，但我国没有极乐鸟，很难相信它会成为凤凰的原型；所谓消失了的巨鸟之说，也是一种想象，不足为信。还有一种较多人能接受的意见，孔雀是凤凰的原型，理由是两者的外形比较接近。但反对者的意见似乎也比较充分，他们认为，其一，在先秦时代，黄河流域和长江中下游根本没有孔雀，上古先民不会以没有见过的一个动物作原型去想象出凤凰；其二，从形态看两者也有区别，孔雀的尾羽宽大华美，而凤凰的尾羽却是修长雅丽的，尽管孔雀外形的某些特征与凤凰有些相似，但古人却很少说凤凰像孔雀。

美丽的孔雀

还有人提出，凤凰的原型主要是雉类，雉类美丽温驯，无损于人；雉肉被视为一种山珍，雉羽是华丽的装饰品。雉类种种的良善品貌，为上古人民所珍视，被幻化为一种吉祥的神鸟——凤凰，当然凤凰的形象还融合了其他一些禽鸟的特征，如鹰、鸿、鸳、燕等，使

孔雀开屏

其具有百鸟之王的风范。

凤凰的原型到底是什么，现在还没有一个定论，但凤凰的美好形象，已经永远地印在了中华传统文化的多彩画卷中了。

不怕烫的鱼和老鼠

不论是在海洋还是在地面的高温环境中，都有很多奇特、耐高温的动物。1936 年，法国旅行家安让·里甫在日本千岛群岛中伊图普鲁岛的一个湖中发现了一些肚皮朝天的“死鱼”。据当地人说，这种鱼叫“不怕烫的鱼”，要在热水里才能生存。里甫半信半疑地把这些鱼放到了50℃的水中，它们竟然真的活了过来，在水中欢快地游了起来。据说在非洲的一些火山口上也生活着类似的“不怕烫的鱼”。而人们较常见的产于非洲的罗非鱼也生活在四五十摄氏度的水中，在低于15℃的环境中就很难生存。希腊的维库加有个沸泉，泉口

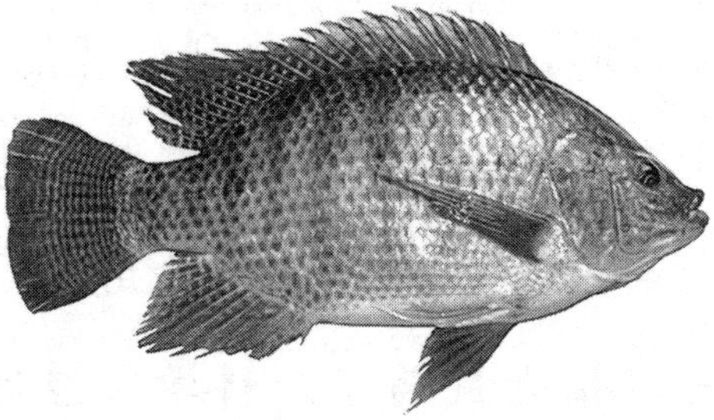

非洲的罗非鱼

shuǐ wēn zài   yǐ shàng nà lǐ jìng rán shēng
水温在90℃以上，那里竟然生

huó zhe yì zhǒng shuǐ lǎo shǔ   tā men zài fèi shuǐ
活着一种水老鼠。它们在沸水

zhōng shēng huó de zì yóu zì zài   yí dàn jìn
中生活得自由自在，一旦进

rù cháng wēn huán jìng zhōng jiù huì bèi dòng sǐ
入常温环境中就会被冻死。

nián   yì dà lì xué zhě hái zài bō lí
1984 年，意大利学者还在玻璃

qún dǎo fù jìn shuǐ yù   mǐ shēn chù fā xiàn le yì zhǒng xì jūn   jù kē xué jiā fēn xī
群岛附近水域 2~10 米深处发现了一种细菌。据科学家分析，

zhè xiē xì jūn shēng cún de lǐ xiǎng wēn dù shì   dàn wēn dù jiàng dào   shí yě néng
这些细菌生存的理想温度是 60~100℃，但温度降到 4℃时也能

cún huó   què bù néng fā yù
存活，却不能发育。

zhè xiē dòng wù wèi shén me néng nài gāo wēn   hái shǔ yú wèi jiě zhī mí
这些动物为什么能耐高温，还属于未解之谜。

lǎo shǔ wèi shén me miè bú jìn
老鼠为什么灭不尽

zài suǒ yǒu de bǔ rǔ dòng wù
在所有的哺乳动物

zhōng   shù liàng zuì duō   fēn bù fàn
中，数量最多、分布范

wéi zuì guǎng de jiù shì lǎo shǔ   shì jiè shang yǒu xiē
围最广的就是老鼠。世界上有些

zhēn xī dòng wù   jǐn guǎn rén men qiān fāng bǎi jì qù bǎo
珍稀动物，尽管人们千方百计去保

hù   tā men réng rán chù yú bīn lín miè jué de jìng dì
护，它们仍然处于濒临灭绝的境地。

kě shì jǐn guǎn rén men yòng jìn gè zhǒng fāng fǎ qù xiāo miè
可是尽管人们用尽各种方法去消灭

lǎo shǔ   māo   shé   huáng shǔ láng   māo tóu yīng děng
老鼠，猫、蛇、黄鼠狼、猫头鹰等

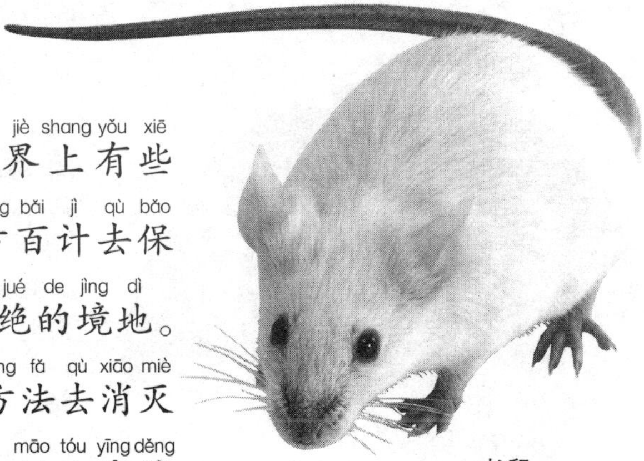

老鼠

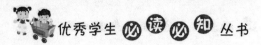

许多天敌也在时时刻刻地威胁着它们，但老鼠依然到处肆虐，甚至变得越来越猖獗。最近几十年来，人们用各种药物来毒杀老鼠，开始效果还不错，但渐渐地，这些药物的作用也越来越小，甚至有些老鼠竟然完全不怕老鼠药了。科学家经过实验发现，这些老鼠已经产生了抗药能力，这种能力还可以遗传给幼鼠。为何老鼠会具有极强的适应能力，科学家们也迷惑不解。

这些动物为何要画圈儿

凡是看过《西游记》的人，一定都知道孙悟空用金箍棒画“禁圈”的故事，妖魔鬼怪无法进入圈里，唐僧等坐在圈内安然无恙。据推测，这个故事很可能是源于貂熊的“禁圈”。

在我国东北的大兴安岭林海深处，生活着一种既像紫貂又似黑熊的动物，这就是貂熊。它有一个异乎寻常的本领，每当饥饿时，它会用自己的尿在地上画一个大圈，凡

鹦鹉螺

是进入圈中的小动物就如同中了魔法，不敢越出圈外，只能待在圈内一动不动，乖乖地等待貂熊来捕食。更为奇怪的是，圈外的豺狼虎豹等野兽也不敢撞入圈内。因此这个“禁圈”具有捕食与自卫的双重功能。

鹦鹉

貂熊的尿液中究竟含有什么成分？为何具有如此的魔力？至今还是个谜。

科学家们发现，从脊椎动物到哺乳动物，甚至某些无脊椎动物都有画圈的本领。

有人曾目击一条1米多长的麻蛇顺着葡萄藤滑行而下，这时一只黄鼠狼突然窜出，绕蛇一圈，然后退去，蛇立即停止滑行，只能待在原地吐舌头。几分钟后，5只黄鼠狼相继窜来，各叼一段蛇肉扬长而去。

田螺也有这种“特异功能”，曾有人报道，水田中一只田螺绕螃蟹画了一个圈，这只螃蟹便待着不动了。几天后螃蟹腐烂，终于成了田螺的美食。

动物的“怪圈”生动有趣，其中的谜团令人不解。

fēi zhōuxiàng tūn chī yán shí zhī mí
非洲象吞吃岩石之谜

dōng fēi guó jiā kěn ní yà de ài ěr gāngshān qū shì fēi zhōuxiàng jīng cháng chū mò de dì
东非国家肯尼亚的艾尔刚山区，是非洲象经常出没的地
fāng nà lǐ yǒu hěn duō qí guài de yán dòng qí zhōng zuì yǒu míng de jiù shì jī tǎ mǔ shāndòng
方，那里有很多奇怪的岩洞，其中最有名的就是基塔姆山洞。
lìng dāng dì rén jīng yà de shì zài měi nián gān hàn de jì jié li chángcháng kě yǐ kàn dào fēi
令当地人惊讶的是，在每年干旱的季节里，常常可以看到非
zhōuxiàngchéng qún jié duì de zǒu jìn shāndòng tā men huǎnmàn de chuān guò xiá zhǎi de tōng dào lái
洲象成群结队地走进山洞，它们缓慢地穿过狭窄的通道，来
dào yīn àn cháo shī de zhōngyāng dà dòng yòngchángcháng de xiàng yá zài dòng bì shang wā záo xià yí
到阴暗潮湿的中央大洞。用长长的象牙，在洞壁上挖凿下一
kuài yòu yí kuài yán shí jiē zhe yòu yòng zì jǐ de dà bí zi juǎn qǐ yán shí yì kǒu yì kǒu
块又一块岩石，接着又用自己的大鼻子卷起岩石，一口一口
de tūn dào dù zi li tūn wán yán shí yǐ hòu tā men zài shāndòng li shāo wēi xiū xī yí huì
地吞到肚子里。吞完岩石以后，它们在山洞里稍微休息一会
er lǐng duì de fēi zhōuxiàng jiù fā chū jí hé de xìn hào xiàngqún yòu pái zhe duì zǒu chū shāndòng
儿，领队的非洲象就发出集合的信号，象群又排着队走出山洞。

fēi zhōuxiàng tūn chī yán shí de guài shì er chuán kāi yǐ hòu dòng wù xué jiā men gǎn dào
“非洲象吞吃岩石”的怪事儿传开以后，动物学家们感到
shí fēn jīng qí fēi zhōuxiàng shì chī zhí wù de zěn me huì tūn chī qǐ yán shí lái la zhēn
十分惊奇：非洲象是吃植物的，怎么会吞吃起岩石来啦？真
ràng rén mí huò bù jiě
让人迷惑不解。

dòng wù xué jiā men jìn xíng le
动物学家们进行了
kǎo chá hé yán jiū fēi zhōuxiàng tūn
考察和研究，非洲象吞
chī yán shí qí shí jiù shì wèi le
吃岩石，其实就是为了
bǔ chōng shí wù zhōng quē fá de yán fèn
补充食物中缺乏的盐分。

特别是在干旱的季节里，身躯庞大的非洲象会大量出汗和分泌唾液，身体里的盐分消耗特别大，因此需要补充的盐分也就更多了。

群象寻找岩石洞

另外一个谜，就是非洲象经常出入的神奇山洞是怎样形成的？

地质学家认为是早期火山爆发的时候，由喷射的气泡形成的。考古学家提出这些山洞可能是当地土著居民挖掘的，一些动物学家又提出了一种新的解释：山洞很可能是非洲象挖的，为了补充食物中缺乏的盐分，它们世世代代地挖呀吞呀，最后挖成了这些神奇的山洞。

但这只是一种推理性的解释。还没有人真正解开这个千古之谜。

大象死后之谜

自古以来就有一种传说：大象在行将死亡之时，一定要

行将老死的大象寻找自己的归宿

跑到自己的坟地去迎接自己的末日。可以设想如果这种大象坟地真的存在，那里肯定会留下许多象牙。

大象坟地真的存在吗？人们对此将信将疑。

最近，有许多学者否定大象坟地的存在，他们认为发现大象墓地一说纯属攫取象牙的偷猎者的捏造。因为捕杀大象攫取象牙，要受到法律的制裁，所以偷猎者杀害大象之后，总要掩饰说，“我们偶然发现了大象的墓地，才得到这么多的象牙”。

这种说法正确与否且当别论，大象在临死前，行动确实与往常不同，往往要离开象群，步履维艰地在某个地方销声匿迹。很可能大象在临死之前，跑到某个僻静的场所或是有水源的地方去与世诀别。虽然象的寿命最长可达九十几岁，但平均寿命则在三十到四十岁左右。

神秘莫测的大象坟地之所以至今未被任何人发现，也许与临近死亡的大象诡秘的行动，而人类对象牙又贪得无厌不无关系吧。

会飞的狗

看到这个题目，也许有人会提出疑问，狗也会飞吗？是的，世界上确实有会飞的狗，这不是科学幻想，而是活生生的事实。

会飞的狗毕竟不同于普通的狗。它们喜欢用两只后肢（或者用一只后肢）抓住某一突出的物体，从而使头朝下，并使头与身体呈垂直状态。在动物园里，会飞的狗很少飞翔，但经常活动翅膀，其翼展可达 0.5 米。会飞的狗是非常爱清洁的动物，它们经常长时间地去舔自己身上的毛；大小便时，总是头向上，用两只前肢的爪趾抓住某一物体。

会飞的狗有敏锐的听觉和嗅觉。它们只吃植物性食物—许多热带植物的花蜜和果汁。它们把食物放在嘴里，仔细地反复咀嚼，用舌头挤出汁来，然后吐出残渣。当它们感到饥饿时，就会发出响亮的尖叫声。

在动物园里，会飞的狗同时还

chī cuō suì de hú luó bo píng guǒ huáng guā tián cài
吃搓碎的胡萝卜、苹果、黄瓜、甜菜
děng tā men tè bié xǐ huan chī máng guǒ zhī è lí
等，它们特别喜欢吃芒果汁、鳄梨
rè dài chǎn de yì zhǒng guǒ shí zhī hé fān mù guā zhī
（热带产的一种果实）汁和番木瓜汁。
zài zì rán jiè huì fēi de gǒu yǒu shí huì xí jī guǒ yuán
在自然界，会飞的狗有时会袭击果园，
cóng ér chéng wéi guǒ yuán de dà huàn
从而成为果园的大患。

zài fēi zhōu cóng āi jí běi bù dào ān gē lā nán
在非洲（从埃及北部到安哥拉南
bù kě jiàn dào huì fēi de āi jí gǒu
部）可见到会飞的埃及狗。

mù qián rén lèi duì zhè zhǒng dòng wù de kǎo chá yán jiū hái zài jì xù jìn xíng
目前，人类对这种动物的考察研究还在继续进行。

kào bí zi xíng zǒu de qí yì dòng wù
靠鼻子行走的奇异动物

shì jiè shang yǒu yí lèi bú yòng tuǐ zǒu lù què yòng bí zi xíng zǒu dà tóu cháo xià
世界上有一类不用腿走路，却用鼻子行走、大头朝下、
wěi ba cháo tiān de guài shòu dòng wù xué shang bǎ tā men jiào zuò bí xíng dòng wù
尾巴朝天的怪兽，动物学上把它们叫做“鼻行动物”。

bí xíng dòng wù de dì yí ge tè zhēng shì dà bù fen tǐ biǎo yǒu máo pí máo yǒu gè zhǒng
鼻行动物的第一个特征是大部分体表有毛，皮毛有各种
gè yàng de yán sè yǒu de shēn shang hái zhǎng yǒu yìng lín
各样的颜色，有的身上还长有硬鳞。

bí xíng dòng wù de dì èr ge tè zhēng shì wěi ba bǐ jiào fā dá sì zhī zhú jiàn tuì huà
鼻行动物的第二个特征是尾巴比较发达，四肢逐渐退化。

bí xíng lèi de dòng wù fán zhí lì bú tài qiáng yì tāi zhǐ huái yí ge zǎi rèn shēn qī
鼻行类的动物繁殖力不太强，一胎只怀一个崽，妊娠期
wéi ge yuè dào nián hěn shǎo yì tāi duō zǎi yóu yú tā men qī xī de qún dǎo tiān dí jiào
为7个月到1年，很少一胎多崽。由于它们栖息的群岛天敌较
shǎo yīn cǐ cún huó lǜ jiào gāo
少，因此存活率较高。

鼻行动物最大的特征是它们的鼻子构造极为特殊，有的只有一个奇形怪状的鼻子，有的有四个鼻子或更多的鼻子，它们的鼻子千姿百态，有的像根柱子，有的像个喇叭，有的像只蜗牛。它们的鼻子绝对不可以与象、猪或其他动物的鼻子相比较。它们不但可用鼻子爬行、跳跃，甚至能用鼻子捕捉虫子。鼻子在它们的生活中起着第一位的作用。

遗憾的是，1957年在南太平洋的一次秘密核武器试验中，群岛下沉，整个鼻行类毁于一“弹”。目前为止，鼻行动物连一个活标本也没有留下。

会上树的鸭子

鸭子不会上树，这是一般的情况。但是也有特殊情况，长白山地区就有一种会上树的鸭子，叫做“中华秋沙鸭”。

中华秋沙鸭是我国稀有珍贵鸟类，繁殖于内蒙西部的呼伦贝尔。雄中华秋沙鸭的嘴细长，鼻孔位于嘴峰中部，头上

中华秋沙鸭

有长长的一对冠羽，好像姑娘扎的一对辫子。整个头和上背均为黑色，下背、腰和尾上覆羽为白色。两翅上各有一白色翼镜，在阳光下闪闪发光。因腹部白色，体侧有黑色鳞状斑纹，所以又叫“鳞胁秋沙鸭”。雌中华秋沙鸭体型比雄的小，羽色也不同，头部和颈呈棕褐色，背部为蓝褐色，也相当美丽。

中华秋沙鸭通常一雄一雌，实行“一夫一妻”制，但也有个别的一雄多雌。

中华秋沙鸭是我国特产的稀有鸟类，目前已被国家列为一级保护动物。

由于中华秋沙鸭实在太珍贵太稀少，因此有关中华秋沙鸭的生活习性一直是不解之谜。

“蛇坟”之谜

蛇可以记忆往事，可以寻找仇人——捕蛇人，并能组织群体进攻捕蛇者。这方面最令人惊奇不已的例子就是捕蛇人程地明的遭遇。蛇有思维能力，从而实施报复行为，这在动物界是罕见的。

令人感到不解的是在程地明打死第一条蛇后的5年间，蛇是靠什么记忆来追杀他的？是不是程地明身上已带上什么捕杀蛇的信息？而蛇为什么总咬程地明，而在他身边玩耍的儿子却安然无恙？蛇又是靠什么方式联络，形成群体攻击阵式的呢？程地明死后，于1991年7月16日安葬在漆树坪田野。此坟当地人称之为“蛇坟”，“蛇坟”上无草无树，多年来犹如新坟，令人大惑不解，奇上加奇的是每年3～9月都有一次群蛇聚会，来到这坟上爬行缠绕，不少人都亲眼目睹了这一奇观异景。到底蛇是如何传递信息，组织集体行动，又是如何判别“凶手”的呢？这里的奥妙实在令人困惑不解。

蛇正在吞食猎物

鲸鱼自杀之谜

1964年10月10日，一群伪虎鲸凶猛地冲上了阿根廷的一个海滨浴场，结果全部死亡，835头伪虎鲸的众多尸体布满了整个浴场；1970年，150多条逆戟鲸冲上了美国佛罗里达州的一个海滩，从此再也没有返回大海；1979年7月16日，加拿大欧斯海湾的沙滩上，发现了130多条自杀而死的鲸鱼尸体；1980年6月30日，又有58头巨头鲸冲上了澳大利亚新南威尔士州北部海岸的一个海滩，搁浅而死……对于这些鲸类的集体自杀，人们想尽了一切阻止的办法，都无济于事，甚至把冲上海滩的鲸鱼重新拖回深水，这些鲸鱼还会再次抢滩自杀。

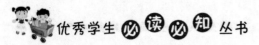

除了鲸以外，还发生过大批墨鱼集体自杀事件。1976年10月，在美国科得角湾的海滩上，突然涌来成千上万条墨鱼，它们纷纷涌上海岸集体自杀，尸体布满沙滩，到了11月，墨鱼集体自杀的势头沿着大西洋沿岸往北蔓延，有时一天达10万只之多，直到12月中旬才停止。

一些海洋学家猜测，这场墨鱼的大自杀事件，可能与次声波有关，海洋中的次声波是杀死海洋生物的秘

鲸鱼搁浅在水边

鲸鱼游弋在海洋里

密武器，但有人反问，次声波是通过什么对墨鱼施以毒手的呢？在大西洋那么长的海岸线上，次声波能够持续那么长的时间吗？

对于鲸鱼集体自杀的猜测更多，有人认为是鲸在追捕食物时，无意中在沙滩搁浅；也有人认为是鲸群受到了天敌的驱赶，以致慌不择路；还有人认为是领头鲸的神经出了问题，不辨深浅方向，而误入绝路。

美国一位科学家认为，鲸类是利用地球磁场来决定迁徙途径的，前进时遵循沿磁力低地而避磁力高地的规律，发生鲸类搁浅的地方往往处于磁力低地或极低地；荷兰一位学者猜测，鲸有精确的回声测位器官，使其在正常的情况下不会遇险，但当海底的泥沙粒泛起的时候，使鲸无法收到自己发出的导航信号，就有可能因辨别不清方向而遇险；日本一位教授认为是寄生虫使鲸的听觉神经发生病变，影响了鲸的听力而导致悲剧的发生……

迄今为止，鲸类自杀的原因仍是众说不一，难有定论。

鲸鱼为什么生活在海中

鲸鱼虽然叫鱼，但却不是鱼，而是一种哺乳动物，科学家通过对鲸鱼体内血液蛋白的化学分析告诉我们，鲸鱼与其他肉食兽和有蹄动物是近亲，考古学家也在河流淤积的河床而不是在古海底找到了鲸鱼的化石，在附近地区还有大量的鼠类、有蹄类等陆生动物的化石。因此，鲸鱼的祖先原是陆地上的哺乳动物，经过亿万年的演化，它们才从陆地进入海洋的。但是什么原因使鲸鱼放弃了陆地而走入海洋的呢？

有的科学家猜想，*1.5*亿年前，那些后来演变成鲸鱼的动物生活在陆地上，它们逐渐将生活范围靠近海洋，也许有一段时间，它们就像现在的海豹、海象一样，时而在陆地上栖息，时而又在水中生活，后来才彻底迁入海洋，时间大约是在*4000*万年前，鲸鱼已完全适应了水中的生活，失去了在陆地生活的能力。这种猜想是有一定道理的，但并没有说清鲸鱼为什么要放弃陆地进入海洋。

hǎi tún shuì mián zhī mí
海豚睡眠之谜

hǎi tún shì yì zhǒng yǒu zhe xǔ duō shén qí gōngnéng de dòng wù zhè xiē shén qí gōngnéng zhì
海豚是一种有着许多神奇功能的动物，这些神奇功能至
jīn ràng rén men zhuō mō bú tòu
今让人们捉摸不透。

hǎi tún yǒu zhe gāo chāo de shuǐ xià tàn cè běn lǐng wú lùn bái tiān hēi yè tā dōu néng
海豚有着高超的水下探测本领，无论白天黑夜，它都能
fā xiàn yú mín shè xià de bǔ lāo wǎng bìng qīng ér yì jǔ de cóng wǎng shàng fāng de kòng xì táo tuō
发现渔民设下的捕捞网，并轻而易举地从网上方的空隙逃脱。
zhè bìng bú shì yīn wèi hǎi tún de shì lì chāo qún yǒu rén zài shí yàn zhōng jiāng hǎi tún de yǎn méng
这并不是因为海豚的视力超群，有人在实验中将海豚的眼蒙
shàng hǎi tún yī rán néng xùn sù zhǔn què de bǔ zhuō dào shuǐ zhōng de yú nà hǎi tún de tè shū
上，海豚依然能迅速准确地捕捉到水中的鱼。那海豚的特殊
běn lǐng zài nǎ er ne yǒu rén tí chū hǎi tún shì yòng fā shè chāo shēng xìn hào lái pàn duàn mù biāo
本领在哪儿呢？有人提出海豚是用发射超声信号来判断目标
de dàn shì hǎi tún méi yǒu shēng dài tā yòu shì rú hé fā shēng de ne yǒu rén rèn wéi hǎi
的，但是海豚没有声带，它又是如何发声的呢？有人认为海
tún shì yòng bí kǒng fā yīn yě yǒu rén rèn wéi hǎi tún de fā shēng shēng yuán lái zì tóu bù de bàn
豚是用鼻孔发音，也有人认为海豚的发声声源来自头部的瓣
mó hé qì náng xì tǒng
膜和气囊系统。

可爱的海豚跃出水面

海豚的另一项神奇功能是高速游动能力。按照海豚肌肉的承受能力，海豚游动的时速不可能超过20千米，但海豚在水中的实际游速可达每小时48千米。经过长期的研究，科学家们认为这主要得益于海豚有某种神奇的方法，能减少水的阻力。海豚的皮肤富于弹性，不沾水，高速游动时可以减少阻力，经研究发现，海豚的皮肤由1.5毫米左右的极软的海绵状表皮和6毫米厚的细密而结实的真皮构成，这种皮肤可像减震器一样，有效地使身体表面防止产生紊流，使之快速前进。此外，海豚有大量的神经通向皮肤，能积极地操纵皮肤，减少水的阻力。海豚高速游动的秘密，是否真是如此，尚需近一步的证实。

海豚还有一项神奇之处，就是人们总看到海豚在水中游戏，却从未看到过它睡觉的样子。难道海豚不需要睡眠吗？后来通过实验发现，海豚的睡眠是与众不同的，睡眠中的海豚仍会继续游动，并在水面上有

意不断地变换姿势。原来，睡眠中的海豚，其大脑的两个半球处于明显不同的状态，当一个半球处于睡眠状态时，另一个半球却醒着，每隔十几分钟，两个半球的活动状态就变换一次，很有节律，至于其中的奥秘，目前尚不清楚。

蜜蜂为何具有卓越的建筑技巧

蜜蜂的建筑精密得让人难以相信，如果你仔细观察蜂巢，就会发现它是由无数六角柱状体的小房子拼接起来的。房底呈六角锥状体，它包括6个三角形，每两个相邻的三角形可以拼成一个菱形，一个房底由3个相等的菱形组成。而每个房底部的3个菱形截面的角度都相等，菱形的锐角为70°32′，钝角为108°28′。经过计算得知，以这样的菱形面组成的蜂巢结构，容量最大，而所需的建筑材料最少。

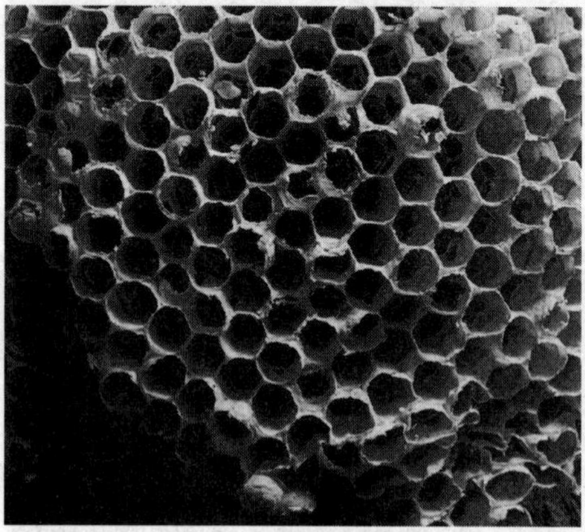
蜂房结构

蜜蜂为什么具有如此卓越的建筑才能呢？至今还没有人能解开这个谜。

奇特的蛙会

衡山广济寺在芙蓉峰后，居祝融、紫盖二峰之间。这里古木环绕，风景秀丽。堪称南岳一绝的石蛙聚会，就发生在广济寺前的水田中。

石蛙是南岳衡山上珍贵的小动物。它貌似泥蛙，外观分黄色和黑褐色。成蛙有碗口大小，憨态可掬。每年立春前后，当南岳衡山广济寺还是一片冰雪世界时，成千上万的石蛙便纷至沓来。在水田里，这些石蛙或成团嬉戏，相互取乐；或首尾相咬，围成圆圈；或前呼后拥，摆成长龙。场面热闹，十分有趣。还有的蛙层层堆叠，形似宝塔，最高可达 1 米左右，这就是当地罕见的“蛙塔”奇观。石蛙产卵也在聚会时进行。蛙卵如黄豆般大小，密密麻麻排列成一条条长线，像蜘蛛网一样布满水田。

一年一度的石蛙聚会，多则十几日，少则数日。产完卵后，石蛙就会在一夜之间突然散去，留

xià mǎn tián de wā luǎn　nà me　shí wā wèi
下满田的蛙卵。那么，石蛙为

hé xuǎn zé chū chūn zhà nuǎn huán hán shí jù huì
何选择初春乍暖还寒时聚会

ne　chuánshuō shì zhè yàng de　nán hǎi lóng wáng
呢？传说是这样的：南海龙王

de xiǎo ér zi céng biàn chéng shí wā lái nán yuè shǎng
的小儿子曾变成石蛙来南岳赏

xuě　bú xìng zāo hēi huáng jīng àn suàn　bèi shān
雪，不幸遭黑蝗精暗算，被山

shang měi lì de méi zi gū niang jiù chū　wáng zi
上美丽的梅子姑娘救出。王子

wèi le gǎn ēn　cóng cǐ měi nián shuài gè　lù wā shén qián lái bài xiè méi zi gū niang　dàn shì mù
为了感恩，从此每年率各路蛙神前来拜谢梅子姑娘。但是目

qián　zhè yí zì rán jiè de qí guān shàng wèi dé dào kē xué de jiě shì
前，这一自然界的奇观尚未得到科学的解释。

青蛙自相残杀之谜

在1977年的广州郊区，春夏都很干旱，好不容易才在9月初的一天下了一场大雨，人们都欣喜若狂。雨后天晴，在近郊公路旁的一个坑里，聚集着许多青蛙，蛙声鸣叫像擂鼓。人们看到青蛙展开了一场骇人的自相残杀之战。有的青蛙在水面追赶，有的抱成一团互相残杀，断肢残腿，鲜血淋漓。两年后，1979年10月下旬，在贵州省某地的一块水田里，竟然又有成千上万只青蛙互相残杀。水田里蛙声一片，震耳欲聋，血流满田，残肢遍地。青蛙究竟为何会有如此的举动呢？人们百思不得其解。一些动物学家猜测，可能是蛙类为了寻伴求偶而自相残杀；有人持反对意见，认为这种残杀可能是某种气候变化的先兆。

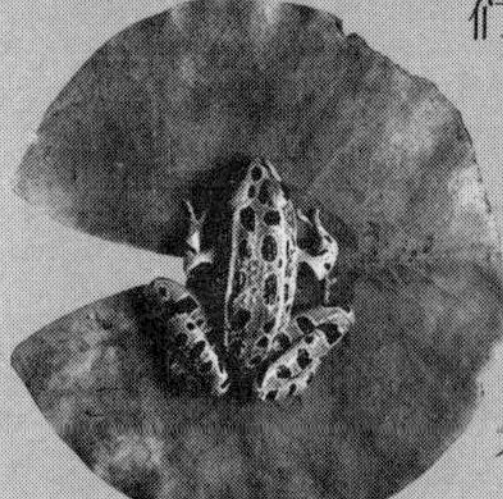

yǐ tǎ zhī mí
"蚁塔"之谜

zài wǒ guó guǎng xī hé yún nán liǎng dì de nán bù yǐ jí hǎi nán dǎo　dōu yǒu xǔ duō xiàng
在我国广西和云南两地的南部以及海南岛，都有许多像

tǎ yí yàng de　jiàn zhù wù　zhè shì bái yǐ wèi zì jǐ jiàn zào de cháo　rén men chēng tā wéi
塔一样的"建筑物"。这是白蚁为自己建造的巢，人们称它为

“蚁塔”。蚁塔一般高达2～3米，最高的可达6米，这种建筑很结实，风吹雨淋也不会倒塌。蚁塔内部结构极为复杂。蚁塔内还建有一些竖直的空气调节管道，以及沟渠和堤坝，用来通风换气和排出流入的雨水。蚁塔使用的建筑材料也很奇特，是它们用唾液和很多面粉似的物质黏合而成的，干了就成为结实的塔壁。塔里面洞房密布，巷道四通八达。特别奇妙的是这些材料还可以成为白蚁的食物。碰上恶劣的天气，如久雨连绵，无法外出采集食物而贮藏食品又已告缺，白蚁们就吃掉一部分“房子”，待天气好转时再补葺。

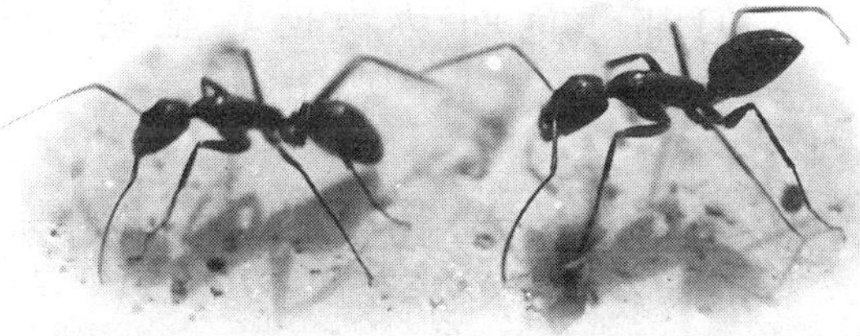

此外，在白蚁的世界里，建筑蚁塔和采集食物全是工蚁们的事。公蚁和母蚁只负责生育。特别是那些公蚁们，只

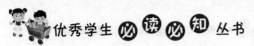

会一味地坐享其成，是决不参与劳动的。公蚁的数量少于工蚁的时候，白蚁王国的生存就能维持发展。公蚁繁殖得很快，不到几年时间，就会大大超过工蚁的数量。公蚁们把库存的食物吃光之后，就疯狂地啃食蚁塔本身，慢慢地把里面全部蛀空。

然而，白蚁究竟为何会具有如此高超的建筑技巧，仍是一个令人费解之谜。

龟的长寿之谜

人们都管龟叫动物世界里的“老寿星”。那么，龟的寿命到底有多长呢？

根据报道，一位西班牙海员曾经捕到一只海龟，长达 2 米，重 300 千克，有专家说它已经活了 250 年了。另外一位韩国渔民在沿海抓到过一只海龟，长 1.5 米，重 90 千克，背甲上附着很多牡蛎和苔藓，估计寿命为 700 岁，它可以算是龟类家族的“老寿星”了。

但这只是估计的岁数，它不能精确地反映龟的实际寿命。有记录可查的才是比较准确的。

1971年，人们在长江里捕获过一只大头龟，它的背甲上刻有“道光二十年”（即1840年）字样，这分明是记事用的。这一年，我们的国家发生了鸦片战争。也就是说，从刻字的那年算起，到捕获的时候为止，这只龟至少已经活了132年了。它的标本至今还保存在上海自然博物馆里。另外，还有一只龟，据说经过7代人的饲养，一直到抗日战争的时候才中断，它的饲养时间足足有300年左右啦。

1983年，在中国人民革命军事博物馆里曾展出过一只海龟，有120千克重，在展出的时候，它还生了30个蛋呢。经专家鉴定，这只海龟已经活了300年了。

龟虽然是动物世界中的“长寿冠军”，但在龟类王国里，不同种类的龟，它们的寿命也是有长有短的。有的龟能活100年以上，有的龟只能活15年左右。即使是一些长寿的龟种，事实上，也不可能个个都“长命百岁”。因为从它们诞生的那天起，疾病和敌害就时刻威胁着它。另外，海洋环境污染和人类的过度捕杀，也在危害它们的生命。

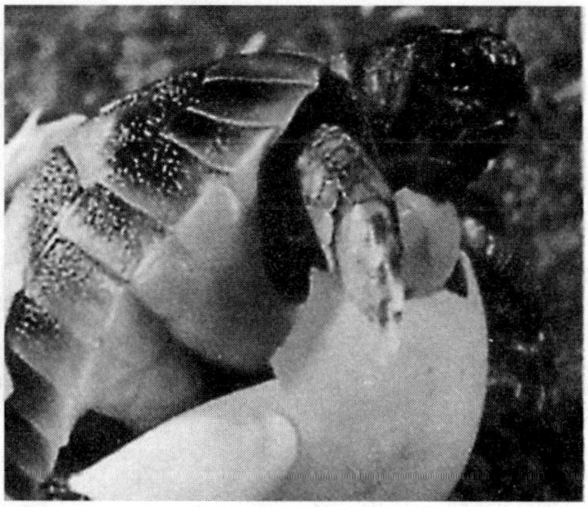

乌龟出壳

百年老龟

yǒu xiē dòng wù xué jiā hé yǎng guī
有些动物学家和养龟
zhuān jiā rèn wéi   chī sù de guī yào bǐ
专家认为，吃素的龟要比
chī ròu huò zá shí de guī shòumìngcháng bǐ
吃肉或杂食的龟寿命长。比
rú   shēng huó zài tài píng yáng hé yìn dù
如，生活在太平洋和印度
yáng rè dài dǎo yǔ shang de xiàng guī   shì
洋热带岛屿上的象龟，是
shì jiè shang zuì dà de lù shēng guī   tā
世界上最大的陆生龟，它

men yǐ qīng cǎo   yě guǒ hé xiān rén zhǎng wéi shí   suǒ yǐ shòumìng tè bié cháng   kě yǐ huó dào
们以青草、野果和仙人掌为食，所以寿命特别长，可以活到
suì   shì dà jiā gōng rèn de chángshòu guī   dàn lìng yì xiē guī lèi yán jiū rén yuán què rèn wéi
300岁，是大家公认的长寿龟。但另一些龟类研究人员却认为
bù yí dìng   bǐ rú yǐ shé   yú   rú chóng wéi shí de dà tóu guī hé yì xiē zá shí xìng de
不一定。比如以蛇、鱼、蠕虫为食的大头龟和一些杂食性的
guī   shòumìng yě yǒu chāo guò   suì de
龟，寿命也有超过100岁的。

zuì jìn   yì xiē kē xué jiā hái cóng xì bāo xué   jiě pōu xué   shēng lǐ xué děngfāngmiàn
最近，一些科学家还从细胞学、解剖学、生理学等方面
qù yán jiū guī de chángshòu mì mì   yǒu de shēng wù xué jiā xuǎn le yì zǔ shòumìng jiào cháng de guī
去研究龟的长寿秘密。有的生物学家选了一组寿命较长的龟
hé lìng yì zǔ shòumìng bú tài cháng de pǔ tōng guī   zuò wéi duì bǐ shí yàn cái liào   yán jiū jié
和另一组寿命不太长的普通龟，作为对比实验材料。研究结

guǒ biǎo míng   nà zǔ shòumìng jiào
果表明，那组寿命较
cháng de guī xì bāo fán zhí dài shù
长的龟细胞繁殖代数
pǔ biàn jiào duō   zhè jiù shuōmíng
普遍较多。这就说明，
guī de xì bāo fán zhí dài shù duō
龟的细胞繁殖代数多
shǎo   gēn guī de shòumìngchángduǎn
少，跟龟的寿命长短
yǒu mì qiè guān xì
有密切关系。

加拉帕戈斯龟

yǒu de dòng wù jiě pōu xué
有的动物解剖学

jiā hé yī xué jiā hái jiǎn chá le guī de xīn zàng tā men bǎ guī de xīn zāng qǔ chu lai zhī hòu
家和医学家还检查了龟的心脏，他们把龟的心脏取出来之后，
jìng rán hái néng tiào dòng zhěng zhěng liǎng tiān zhè shuō míng guī de xīn zàng jī néng jiào qiáng gēn guī de
竟然还能跳动整整两天。这说明龟的心脏机能较强，跟龟的
shòu mìng cháng yě yǒu zhí jiē guān xì hái yǒu de kē xué jiā rèn wéi guī de cháng shòu gēn tā
寿命长也有直接关系。还有的科学家认为，龟的长寿，跟它
xíng dòng chí huǎn xīn chén dài xiè jiào dī hé jù yǒu nài hàn nài jī de shēng lǐ jī néng yǒu mì qiè
行动迟缓、新陈代谢较低和具有耐旱耐饥的生理机能有密切
guān xì zǒng zhī kē xué jiā men cóng bù tóng jiǎo dù tàn suǒ hé yán jiū guī de cháng shòu yuán yīn
关系。总之，科学家们从不同角度探索和研究龟的长寿原因，
dé chū de jié guǒ yě bù yí yàng
得出的结果也不一样。

yīng wǔ xué shé de mì mì
鹦鹉学舌的秘密

yīng wǔ xué shé shì jìn rén jiē zhī de rén men pǔ biàn rèn wéi yīng wǔ zhǐ huì shuō yì xiē
鹦鹉学舌是尽人皆知的，人们普遍认为鹦鹉只会说一些
bèi xùn liàn de jiǎn dān de huà shì yì zhǒng jī xiè de mó fǎng xíng wéi shì shí shang yīng wǔ
被训练的简单的话，是一种机械的模仿行为。事实上，鹦鹉
shuō huà bìng bú shì chún cuì de shēng bān yìng tào yě bú shì chuán tǒng yì yì de rén yún yì
说话并不是纯粹的生搬硬套，也不是传统意义的“人云亦
yún zài jiāo yīng wǔ xué dān cí shí xuǎn zé néng yǐn qǐ tā xìng qù de dōng xī rú shǎn shǎn
云”。在教鹦鹉学单词时，选择能引起它兴趣的东西，如闪闪
fā guāng de yào chi tā xǐ huan zhuó de mù piàn ruǎn mù děng zhè yàng kě yǐ tí gāo tā de
发光的钥匙，它喜欢啄的木片、软木等，这样可以提高它的
xué xí xìng qù zhè zhǒng fāng fǎ gǎi biàn le chuán tǒng de xué yí cì biàn wèi yì diǎn shí wù de
学习兴趣。这种方法改变了传统的学一次，便喂一点食物的
shí wù jiǎng lì fāng fǎ gǎi bèi dòng xué xí wéi zhǔ dòng xué xí yīng wǔ zài rèn shi
实物奖励方法，改“被动学习”为“主动学习”。鹦鹉在认识
le yì xiē wù pǐn hòu wú lùn zěn yàng gǎi biàn qí xíng zhuàng tā dōu néng rèn chu lai ér qiě
了一些物品后，无论怎样改变其形状，它都能认出来，而且
hái huì shǐ yòng chù lèi páng tōng de fāng fǎ rèn shi mǒu zhǒng yán sè hòu tā huì shuō chū
还会使用“触类旁通”的方法。认识某种颜色后，它会说出
cóng wèi jiàn guò de mǒu dōng xi de yán sè yīng wǔ xué le bù shǎo cí huì hòu biàn néng gòu bǎ
从未见过的某东西的颜色。鹦鹉学了不少词汇后，便能够把

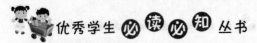

yì xiē cí zǔ hé qǐ lái yòng lái miáo shù cóng wèi jiàn dào de dōng xi zhè shuō míng tā yǐ jīng
一些词组合起来，用来描述从未见到的东西。这说明它已经
jù yǒu le chū bù de fēn lèi gài niàn hé cí yǔ zǔ hé néng lì yīng wǔ méi yǒu fā dá de dà
具有了初步的分类概念和词语组合能力。鹦鹉没有发达的大
nǎo lái sī wéi dàn tā néng shuō yì xiē wèi bèi jiāo guò de dōng xi nán dào tā zhēn de dǒng dé
脑来思维，但它能说一些未被教过的东西，难道它真的懂得
suǒ shuō huà de hán yì néng yùn yòng rén lèi yǔ yán lái biǎo dá zì jǐ de yì yuàn ma
所说“话”的含义，能运用人类语言来表达自己的意愿吗？
zhè yǒu dài yú jìn yí bù de kē xué lùn zhèng
这有待于进一步的科学论证。

第八章

植 物 之 谜

陆地上最早的植物是什么

大家知道，地球上最早的生命诞生在海洋里，后来才逐渐“爬”上了陆地。可是，哪一种植物是最先登上陆地的呢？一涉及到这个具体问题，分歧就大了。

有人认为最先登陆的是裸蕨类植物，其理由是这种植物有维管束，可以把水分输送到植物体的各个部位，供叶片进行光合作用和蒸腾作用。持这种观点的科学家认为，自从裸蕨类植物出世500万年以后，便朝着两个方向发展：一类是工蕨属挺水植物，在长期进化过程中，把光秃无叶的枝茎表面细胞突出体外，像突起的鳞片，逐渐变成小叶型的楔叶类植物；另一类是莱尼属植物，它是生长在沼泽地中的半陆生植物，逐渐朝着大叶型方向演化，最后形成真蕨类植物和种子植物。

苔藓

有人认为最早的陆

生植物应该是苔藓。持这种观点的人认为，陆地上最早的植物比较原始，不一定非有维管束不可。尽管苔藓植物的体内结构比较简单，输导组织不发育或不甚发育，但是，植物界从苔藓开始已出现颈卵器与精子器，这是一种保护生殖细胞的复杂的有性生殖器官，尤其是在颈卵器中能发育成幼态植物——胚，胚才是陆生植物特有的象征。

雄蕨

有人认为最早登陆的植物是藻类。持这种观点的人着眼于植物的光合作用。科学家们从藻类中已经发现叶绿素、藻黄素、藻红素和藻蓝素等多种光合色素，其中绿藻门类植物所含的色素种类及组成比例与陆地植物的光合色素比较一致，而且细胞内的贮藏物质也都是淀粉。他们由此推论，最先登陆的植物应该是绿藻门类。

以上种种假说，还都有不能自圆其说的地方，要想知道究竟是谁最先登陆，还需要有力的证据。

种子的寿命有多长

我国考古工作者曾在西汉古墓里发现了西红柿的种子，它们距今已有两千多年了。四川成都市博物馆的考古学家，对这批种子进行了栽培实验，没想到它们竟奇迹般地成活了。它们发芽、开花、结果，结出的西红柿跟现在的相比，没什么两样。这个无可辩驳的事实，除了引发人们关于它们身世的猜想（因为现在的西红柿是16世纪从美洲传播到世界各地的）外，还给科学家出了一道难题：种子为什么那么长寿？

然而，这些西红柿种子还不是种子里最长寿的。1973年，我国考古学家在河南郑州大河村的仰韶文化遗址中，发现了两枚古莲子，它们已有5000年的历史了，是国际上公认的迄今为止发现的最长寿的种子。它们在考古学家的精心培育下，发了芽，开了花。

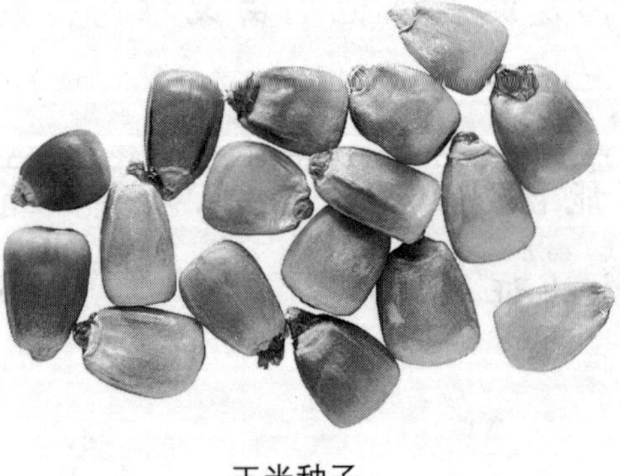

玉米种子

植物种子的寿命长短不一，一般来说，能存活15年的已经算是长寿了。大多数

菟丝子的种子

热带植物的种子，从母体中取出35小时后，就失去了发芽的能力。一些野生谷物的种子，最多只能存活几个星期。那么，为什么有些植物的种子能存放那么长时间呢？

科学家认为，莲子是一种坚果，它外面包着的果皮是一层坚韧的硬壳，能保护里面的种子。莲子的果皮组织中含有一种特殊的细胞，能使果皮完全不透水。所以，种子里的水分能保持很长时间。这就是它长寿的秘密。

但是，用这个说法解释不了西红柿种子长寿的原因。科学家希望通过对这些古老种子的研究，揭示植物种子的秘密，从而达到延长部分植物种子寿命的目的，为农业生产服务。

无籽瓜果是怎么来的

在炎热的夏天，你一定常吃西瓜解渴，可在瓜瓤里布满了瓜籽，吃起来既麻烦，又难以品出瓜的滋味。瓜果中要是

香蕉

méi yǒu zǐ nà gāi duō hǎo yā
没有籽，那该多好呀！

guā guǒ zhōng wèi shén me huì yǒu zǐ zǐ yǒu hé
瓜果中为什么会有籽？籽有何
yòng ne guā guǒ zhōng de zǐ jiù shì zhǒng zi guā
用呢？瓜果中的籽，就是种子。瓜
guǒ yǒu le zhǒng zi cái néng chuánzōng jiē dài yǒu
果有了种子才能“传宗接代”。有
qù de shì yǒu xiē guā guǒ shì wú zǐ de shuō dào
趣的是，有些瓜果是无籽的。说到
wú zǐ de guā guǒ nǐ kě néng huì xiǎng dào xiāng jiāo
无籽的瓜果，你可能会想到香蕉，
qí shí xiāng jiāo bìng bú shì shēng lái jiù wú zǐ zài zhí
其实香蕉并不是生来就无籽。在植
wù shì jiè li yǒu huā zhí wù kāi huā jié zǐ zhè
物世界里，有花植物开花结籽，这
shì zì rán guī lǜ xiāng jiāo shǔ yú yǒu huā zhí wù de
是自然规律。香蕉属于有花植物的
yì zhǒng suǒ yǐ tā yě huì kāi huā jié zǐ nà wèi shén me rén men zài chī xiāng jiāo shí chī bú
一种，所以，它也会开花结籽。那为什么人们在吃香蕉时吃不
dào zǐ ne zhè shì yīn wèi wǒ men xiàn zài chī de xiāng jiāo shì jīng guò rén gōng gǎi liáng cháng qī péi
到籽呢？这是因为我们现在吃的香蕉是经过人工改良，长期培
yù chu lai de yuán lái yě shēng de xiāng jiāo bù jǐn yǒu zǐ ér qiě nà xiē zǐ hái hěn yìng suǒ
育出来的。原来野生的香蕉不仅有籽，而且那些籽还很硬，所
yǐ yě shēng xiāng jiāo chī qi lai hěn bù fāng biàn hòu lái jīng guò rén gōng cháng shí qī péi yù
以野生香蕉吃起来很不方便。后来，经过人工长时期培育、
xuǎn zé xiāng jiāo cái gǎi biàn le jié zǐ de běn xìng zhú jiàn chéng wéi le bù jié zǐ de sān bèi tǐ
选择，香蕉才改变了结籽的本性，逐渐成为了不结籽的三倍体
zhí wù kāi huā jié zǐ de dōu shì èr
植物（开花结籽的都是二
bèi tǐ zhí wù rú guǒ nǐ zài chī
倍体植物）。如果你在吃
xiāng jiāo shí zhù yì guān chá yí xià jiù
香蕉时注意观察一下，就
kě yǐ cóng guǒ ròu li kàn dào yì pái pái
可以从果肉里看到一排排
hè sè de xiǎo diǎn zhè biàn shì zhǒng zi
褐色的小点，这便是种子
tuì huà liú xià de hén jì
退化留下的痕迹。

无籽西瓜

现在无籽西瓜的问世，也解决了人们以往吃西瓜要吐籽的烦恼。西瓜从有籽到无籽的秘密在哪里呢？如果你以为是变异而来的，那可就错了。无籽西瓜不是由植株变异来的，而是科学家特殊培育的结果。

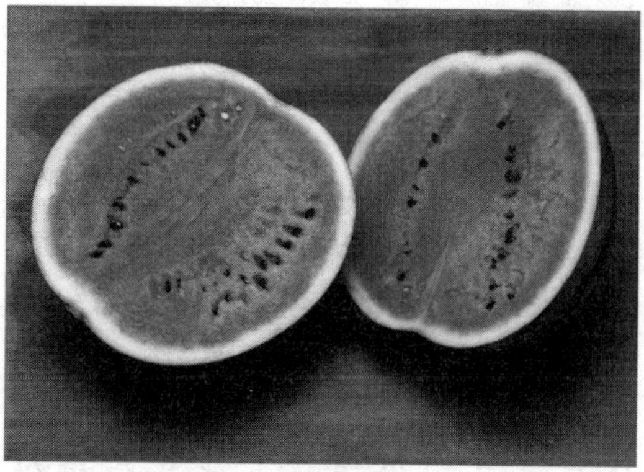
有籽西瓜

在科学发达的今天，人们已经培育出了许多无籽瓜果，这是人类认识自然、改造自然的结果。随着科学的发展，人们将会品尝到更多的无籽瓜果。

植物神秘的心灵感应

英国工程师乔治·德拉瓦尔和他的妻子马乔里发现，通过一套棱镜系统把辐射能聚集到患病者或发育不良的植物上，可以影响这些植物的生长。直接对植物进行放射，或通过叶子，甚至仅仅是照片，把能量集中成束状射向植物，都可得到同样的结果。这件事，德拉瓦尔本人也弄不明白究竟是设备、照片的辐射，还是某个特殊的操作者，或者是所有这些因素的总和在发挥作用。

德拉瓦尔夫妇还发现，从某株植物上切下的树枝在地下生根后，新生的植物可从“母体”的射线获得营养。如果把母体植物连根焚烧掉后，他们发现没有母亲的树，就不如那些“母体”还健在的树长得那么旺盛。他发现，母体植物即使离其子树很远，也能为它提供“保护”，母树可以在另一个城市、另一个国家或在地球上的任何天涯海角。

英国一位名叫伯纳德·格拉德的科学家曾做过这样一个实验：他从医院里挑选了一位患神经反应迟钝症的26岁妇女，一位患精神忧郁症的37岁男子，还有一位52岁的健康的男子，让他们每人握一杯水，握30分钟，然后用三杯水浇灌植物，看哪个长得更快一些。他发现用正常人握过的水浇灌的小麦的生长速度，明显快于神经病患者握过的水或普通水浇灌的小麦，浇灌了精神病人握过的水的小麦长得最慢。奇怪的是，浇了神经病患者握过的水的植物，比浇了未经任何处理的正常水的长得要快一些。格拉德注意到，当精神病患者手握密封的水瓶时，精神病患者没有任何反应或表情。可神经病患者握瓶时，患者立即询问这样做要干什么。当被告之后，她的反应是对此感兴趣。所以，她像妈妈对待孩子似的把瓶子放在膝盖上，慢慢地摇晃着。格拉德得出结论说："获得这一实验结果的重要因素，并非她的基本身体状况，而是她握住瓶子时的情绪。"他指出，处理这种溶液时的压抑、急躁或敌对的情绪，都会使该溶液阻碍植物细胞的增长。

小麦苗

如果一个人的情绪可以影响到手中的水，那么很自然就会想到，厨师或家庭主妇的情绪将影响其烹饪的食物的质量。还可联想到，在许多国家，月经期的牧牛女不允许进入做奶酪的地方，因为她们被认为可能对微生物产生不良影响。同样，月经期的妇女还被认为，不宜制作罐装的易腐烂食物和采摘花朵。如果格拉德的实验是正确的话，那么即使不是月经本身，而是因为某些妇女因月经产生的低沉情绪，都会产生这种不良影响。

关于心灵感应，人们已经观察到、测量到和意识到了，但如何解释这种现象，至今还是个谜。

植物为什么会被“绞杀”

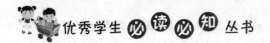

在我国西南边陲的西双版纳密林中，经常可以看到绞杀植物毁坏参天大树的情景。别看那些参天大树气势雄伟，一旦被绞杀植物缠住，就像得了不治之症一样，最终都逃脱不了死亡的命运。

参天大树是怎样染上这种“寄生病”的呢？俗话说，“病从口入”。可是大树没有嘴巴，“寄生病”又从何而入呢？原来这个“口”不在大树身上，而是森林中飞鸟的口。例如，当榕树的果实成熟的时候，林子里的飞鸟会相互啄食，但是，果实里的种子只是在鸟儿们的肠胃里“旅行”了一圈，并没有被消化掉。当鸟儿们在树林里休息、嬉戏的时候，未消化的种子就随着鸟粪散落在树干或树枝上。这些种子有着高超的本领，不用入土就可萌芽生长。它们长出的根很特殊，能悬挂在空中，被称为气生根。这些气生根有的顺着大树（寄主）“爬行”，有的悬挂半空，慢慢垂入地面，扎入土中。入土的气生根便从土壤中汲取养料和水分，滋养小苗。随着小榕树的长大，气生根越来越多，越长越粗，纵

héng jiāo cuò, jié chéng wǎng zhuàng, jiāng jì zhǔ de shù gàn、shù zhī tuán tuán bāo wéi qǐ lai, ér

横交错，结成网状，将寄主的树干、树枝团团包围起来，而

qiě jǐn jǐn de gū zhù dà shù de shù gàn。yú shì, yì chǎng nǐ sǐ wǒ huó de zhēng duó

且紧紧地箍住大树的树干。于是，一场你死我活的"争夺

zhàn kāi shǐ le

战"开始了。

cān tiān dà shù pèng shàng jiǎo shā zhí wù zhī hòu, zǒng xiǎng zhēng duàn jiǎo shā zhí wù de shù fù,

参天大树碰上绞杀植物之后，总想挣断绞杀植物的束缚，

dàn yǐ wú jì yú shì。jiǎo shā zhí wù hěn shì lì hài, shī zhǎn kāi táng sēng de "jǐn gū zhòu",

但已无济于事。绞杀植物很是厉害，施展开唐僧的"紧箍咒"，

wǎng yǎn zhuàng de gēn yuè zhǎng yuè cū, sǐ sǐ lēi zhù jì zhǔ de shù gàn bú fàng, bǎ dà shù lēi

网眼状的根越长越粗，死死勒住寄主的树干不放，把大树勒

de "chuǎn" bú guò qì lái。bù jǐn rú cǐ, tā men hái yī kào zhā rù tǔ zhōng de qì shēng

得"喘"不过气来。不仅如此，它们还依靠扎入土中的气生

gēn hé fù shēng gēn, pīn mìng de duó zǒu jì zhǔ de yǎng liào hé shuǐ fèn。tā men fán mào de zhī

根和附生根，拼命地夺走寄主的养料和水分。它们繁茂的枝

yè yuè guò jì zhǔ de shù guān, yǔ jì zhǔ zhēng duó yáng guāng。cān tiān dà shù yí dàn dé shàng zhè

叶越过寄主的树冠，与寄主争夺阳光。参天大树一旦得上这

zhǒng "jì shēng bìng", jiù béng xiǎng yǒu shēng de xī wàng le。zhè cháng shù yǔ shù zhī jiān de dòu

种"寄生病"，就甭想有生的希望了。这场树与树之间的斗

zhēng rì fù yí rì、nián fù yì nián di jìn xíng xia qu, jié guǒ shì dà shù bèi nòng de jīn pí

争日复一日、年复一年地进行下去，结果是大树被弄得筋疲

lì jìn, zhú jiàn shuāi tuì, ér jiǎo shā zhí wù què gēn shēn yè mào, xīn xīn xiàng róng。cān tiān

力尽，逐渐衰退，而绞杀植物却根深叶茂，欣欣向荣。参天

dà shù jiù zhè yàng bèi jiǎo shā zhí wù "shā" sǐ le

大树就这样被绞杀植物"杀"死了。

zhí wù chán rào fāng xiàng zhī mí
植物缠绕方向之谜

wǒ men suǒ shú xī de qiān niú huā、jīn yín huā děng pān yuán zhí wù dōu yǒu yí tào fēi fán

我们所熟悉的牵牛花、金银花等攀援植物都有一套非凡

de běn lǐng, jiù shì néng gòu yī fù zhī jià, lì yòng jīng jiān de "yùn dòng" bú duàn xiàng shàng

的本领，就是能够依附支架，利用茎尖的"运动"不断向上

pān pá。ná qiān niú huā lái shuō, qí jīng dǐng duān 10~15 lí mǐ de yí duàn, yóu yú gè

攀爬。拿牵牛花来说，其茎顶端10～15厘米的一段，由于各

菟丝子

个方向的表面生长速度不一致，能在空间不断改变自己的位置，而且始终以一定的方向旋转着，并以此为半径，在一圆周内遇到依附物后，就会把依附物缠绕起来，攀向高处去争取阳光和雨露。

有趣的是，大多数植物的“攀援运动”是有一定方向的，如金银花、菟丝子、鸡血藤等始终是向右旋转，牵牛、扁豆、山药等向左旋转，而何首乌却是“随心所欲”地时左旋，时右旋。

科学家对植物旋转缠绕的方向性作了深入研究，最新研究表明，攀援是由它们各自的祖先遗传下来的本领。远在亿万年以前，有两种攀援植物的始祖，一种生长在南半球，一种生长在北半球。为了获得更多的阳光和空间，使其生长发育得更好，其茎的顶端就随时紧紧朝向东升西落的太阳，这样，生长在南半球的植物的茎就向右旋转，生长在北半

金银花

球的植物的茎则向左旋转。经过漫长的适应、进化过程，它们便形成了各自旋转缠绕的固定方向。以后，它们虽被移植到不同的地方，但其旋转缠绕的方向特性被遗传下来并成为了固定不变特征。而起源于赤道附近的攀援植物，由于太阳当空，它们就不需要随太阳转动，因而其缠绕方向并不固定，可随意旋转缠绕。

植物也能“作证”吗

美国纽约一位精通植物“语言”的柏克斯得博士发现，每当有凶杀案在植物附近发生时，生长着的植物便会产生一种特殊的“愤怒”反应，并能记录下凶杀过程的每个细节，成为一个不为人注意的现场“目击者”。对此柏克斯得博士曾进行过多次试验。在一盆仙人掌前，组织几个人搏斗，结果，接在仙人掌上的电流会把整个过程记录下来，变成电波曲线图。通过分析

仙人球可以真实地记录发生在现场的活动

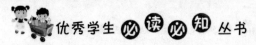

电波曲线图，就可了解打斗的全过程。

春暖花开，植物花朵上的雄蕊成熟后，便释放出大量花粉，四处飘散。一粒花粉孕育一个彩色的生命。花粉外壳由孢粉素构成，高温、高压、酸碱都奈何不了它。如在此时作案，花粉就成了“见证人”。

移尸灭迹是杀人犯的惯用伎俩。侦破此类案件，第一现场是重要的突破口。有一次，奥地利维也纳有一个人沿多瑙河旅行时失踪了，当局派出快艇和直升机搜索、打捞，都没有找到尸体。后来，警方逮捕了一名嫌疑犯，但他矢口否认与此有牵连。正当一筹莫展之际，神秘的花粉研究专家出现了，他对嫌疑犯鞋上的泥土进行花粉分析，发现了很多松树花粉，经查对，这样的奇异花粉来自维也纳南部的一个地方。当警方突然向他指出，谋杀就发生在该地时，他大为震惊，不得不供出了埋藏尸体的地方是在多瑙河附近一片荒僻的沼泽地区。

奇异的植物繁殖

目前，植物学家已经对1000多种高等植物作了离体培养的尝试。实践证明，利用离体培养的方法，单个植物细胞完全能长成一群细胞，最终培育成完整的植物。

自从1865年，英国物理学家罗伯特·胡克在显微镜下看到了软木的死细胞以来，人们对植物细胞已经作了相当详细的研究。

20世纪50年代，美国科学家斯蒂瓦特用胡萝卜根部细胞，在培养基中首次成功地培养出完整的胡萝卜植株，开创了植物细胞和组织培养的新纪元。

单个植物细胞为什么能分成根、茎、叶、花、果实和种子等器官呢？这是因为，所有的植物细胞都是由受精卵分裂产生的，受精卵含有植物所特有的全部遗传信息，因此，虽然植物体内细胞的外形、结构、生理特点不尽相同，但它们都具有相同的、完整的遗传物质。环境的束缚使它们不得不表现出特定的形态和功能，一旦脱离母体，摆脱束缚，它们就可能在一定的营养和激素作用下激发原先的遗传潜力，使细胞分化出组织、器官，最后发育成完整的新植株。

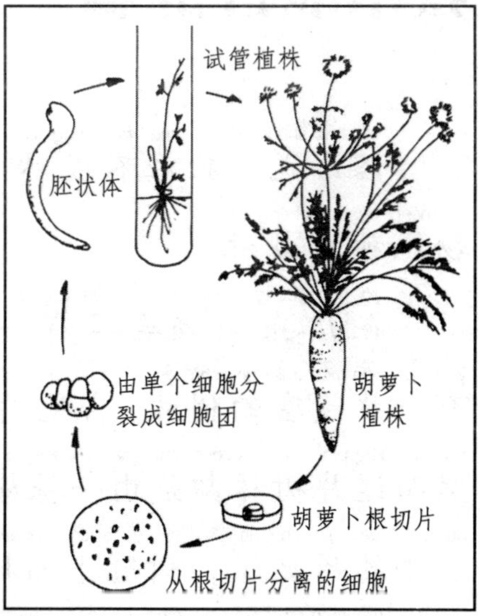

胡萝卜的离体培养

人们还注意到：在不同时期必须给离体细胞不同的环境，这样才能使细胞按照一定的程序长成完整的、具有一定形态和生理特性的植物。然而，并不是所有的植物细胞在离体培养时都能发育成新个体。

科学家认为，这跟培养基和激素的类型、取用细胞的部位以及光照、温度等条件有关。当前，人们只是根据经验和偏爱选择离体细胞的培养条件，等到摸索出科学规律后，离体细胞的培养就将更成熟。到那时，所有植物细胞都能培养出完整的植株了。

独木能否成林

俗语说，独木不成林。然而，在植物世界里却有一种植物能独木成林。

在广东省新会县有一个著名的“鸟的天堂”，因为这里有一片茂密的树林，占地约6000平方米，栖息着许多的鸟儿。然而这片树林却是由一株榕树长成的。这株巨榕至少已有300多年的历史了，树冠下面树干密布，且长得很粗壮，以至于现在人们都分不清哪根是主干哪根是枝干了。

在云南西双版纳热带植物园的中心，有一棵大榕树，它有许多扎进土壤中的气生根，共同支撑着繁茂的枝叶。靠气生根的支撑，枝干向周围延伸了很远，以致遮阳面积达 2000 平方米左右，可以容纳几百人在树下乘凉。

榕树独木成林

在孟加拉国的杰索尔地区，有一棵闻名遐迩的榕树。它的树龄达 900 余年，有 600 多根枝干，树高 40 多米，树冠巨大，投影面积达 2.8 万平方米左右。

大榕树为什么能独木成林呢？

榕树生长在高温多雨的热带、亚热带地区，它枝叶繁茂，终年常绿。榕树有个与众不同的习性，在它的树干、枝条上会往下长出像胡须一样的气生根。这些气生根生长到一定时候，就可以接触到土壤，慢慢地，气生根越长越粗，形成了一根根枝干。这些枝干既可以支撑着巨大的树冠，同时，也可从土壤中吸收养分和水分，满足繁多的枝叶生长的需要。

随着气生根数量的不断增多，以及气生根的不断变壮，为树冠向四周的延伸提供了必要的条件，因此，经过长久的

榕树的巨大树冠

shí jiān yì kē róng shù jiù biàn chéng le yí piàn shù lín
时间，一棵榕树就变成了一片树林。

tiě shù zhēn de yào qiān nián cái kāi huā ma
铁树真的要千年才开花吗

mín jiān xiāng chuán tiě shù nián yì kāi huā tiě shù kāi huā zhēn de shì rú cǐ zhī nán ma
民间相传“铁树60年一开花”。铁树开花真的是如此之难吗？

tiě shù de huā bù tóng yú wǒ men cháng jiàn de huā tā méi yǒu lǜ sè de huā è yě méi yǒu zhāo yǐn kūn chóng de měi lì huā bàn tiě shù cí xióng yì zhū xióng huā cí huā fēn bié zhǎng zài bù tóng zhí zhū shang
铁树的花不同于我们常见的花，它没有绿色的花萼，也没有招引昆虫的美丽花瓣。铁树雌雄异株，雄花雌花分别长在不同植株上。

铁树

铁树树龄可达200年。一般有10年以上树龄的铁树，在良好的栽培条件下，能经常开花。所以，“铁树60年一开花”并不准确。

相传铁树发育，需要土壤中铁成分的供给。如果铁树逐渐衰弱，加入铁粉便能恢复健康；以铁钉钉入茎干内，效果也相同，这便是铁树名称的由来。但正如对铁树开花有误传一样，此种方法是否确实有效，仍需进一步证实。若你有机会的话，不妨一试。

树木越冬之谜

大自然里有许多现象是十分令人惊奇的。例如，同样从地上长出来的植物，为什么有的怕冻，有的不怕冻？更奇怪的是松柏、冬青一类树木，即使在滴水成冰的冬天里，依然苍翠夺目，经受得住严寒的考验。其实，不仅各式各样的植物抗冻力不同，就是同一株植物，冬天和夏天的抗冻力也不一样。北方的梨树，在-20～-30℃能平安越冬，可是在春天却抵挡不住微寒的袭击。松树的针叶，冬天能耐-30℃严寒，在夏天如果人为地降温到-8℃就会冻死。

冬青

什么原因使冬天的树木变得特别抗冻呢？原来，树木为了适应周围环境的变化，每年都用“沉睡”的妙法来对付冬季的严寒。春夏树木生长快，树木养分消耗多于积累，因此抗冻力也弱。但是，到了秋天，夜间气温低，树木生长缓慢，养分消耗少，积累多，于是树木越长越“胖”，嫩枝变成了木质……逐渐地树木也就有了抵御寒冷的能力。然而，别看冬天的树木表面呈现静止的状态，其实它们的内部变化却很大。如果将组织制成切片，放在显微镜下观察，还可以发现平时一个个彼此相连的细胞，这时细胞的连接丝都断了，而且细胞和原生质也离开了，好像各管各的一样。当组织结冰时就能避免细胞中最重要的部分——原生质不受细胞间结冰而招致损伤的危险。可见，树木的“沉睡”和越冬是密切相关的。冬天，树木“睡”得愈沉，就愈忍得住低温，愈富于抗冻力；反之，像终年生长而不休眠的柠檬树，抗冻力就弱。

在公园里、校园里以及许多道路和庭院的绿化树、果树

庭院树木刷白灰防冻

树干下部刷成白色。为什么呢？植物在冬季涂刷白剂，一方面预防寒冷，另一方面预防病虫害。白天热，晚上冷，并且冷热差异很大，植物最容易受害，比我们生冻疮还严重。植物刷白剂，可以反射白天的太阳光和各种辐射，避免植物体内温度过高，大大减弱了白天与晚上的温度差异，避免植物受到突然变温的伤害。同时，刷白剂具有隔热效果，就像我们的手和脸涂防冻霜和护肤霜一样。另外，秋后初冬，许多昆虫喜欢在老树皮的裂缝中产卵过冬，刷白剂对许多害虫有杀灭作用。

树木生存的奥秘

对人类来说，树木的生存方式有许多值得研究的地方。通过对这些奇异方式的了解，人类可以有所借鉴，改变自己的生活。

绿叶是“化学工厂”

树叶进行光合作用,制造氧气

进行光合作用的绿叶就像是一座“化学工厂”。工厂的入口是树叶底部的气孔，二氧化碳从这气孔进入绿叶内部，生成的氧气则从这些气孔排出叶外。绿叶工厂中还有一道道运输线即叶脉，正是叶脉将糖分和水分在树叶与树枝、树干之间来回传输。同时叶脉还起着支撑的作用，将一片片绿叶撑开来，不让其萎缩。含有叶绿素的叶绿体则是工厂的“车间”，这里忙碌地进行着光合作用。这座精巧的“化学工厂”，比起人类建造的工厂，丝毫不逊色。

树干是“抽水机”

几十米高的大树，它的树尖生长的绿叶，所需要的水分是怎样从地下运输出来的呢？显然，树木内部不会有人类发明的水泵，而树干本身便是一台天然的“抽水机”。树干这台“抽水机”克服地心引力，将水分抽往高处的原理并不复杂，

dàn què lìng rén tàn wéi guān zhǐ
但却令人叹为观止。

qí shí shù gàn chōu shuǐ lì yòng
其实，树干抽水利用

de shì máo xì guǎn xī shuǐ de yuán
的是毛细管吸水的原

lǐ shuǐ fèn jù yǒu xī fù yú
理。水分具有吸附于

wù tǐ biǎo miàn de tè xìng dāng
物体表面的特性，当

树干是天然抽水机

shuǐ fèn chǔ yú máo xì guǎn zhōng shí tā huì yǒu wǎng shàng pá xíng de qū shì yán mì de shù gàn
水分处于毛细管中时，它会有往上爬行的趋势。严密的树干

zhī zhōng qí shí chōng mǎn zhe wú shù máo xì guǎn zhè xiē máo xì guǎn cóng dǐ bù yì zhí yán shēn
之中，其实充满着无数毛细管，这些毛细管从底部一直延伸

dào shù yè de biǎo miàn dāng shù yè biǎo miàn de shuǐ fèn zhēng fā shí xià biān de shuǐ fèn biàn zì
到树叶的表面。当树叶表面的水分蒸发时，下边的水分便自

dòng bǔ shang lai zhè zhǒng xún huán guò chéng shǐ dé shù gàn dǐ bù de shuǐ fèn bèi gāo chù de shuǐ
动补上来，这种循环过程，使得树干底部的水分被高处的水

fèn qiān yǐn zhe zuì zhōng chōu dào shù gàn de dǐng duān
分牵引着，最终抽到树干的顶端。

有些空心的老树为什么还能活

　　我们常常可以看到有些年久的老树,它的树干是空心的,可是枝叶仍旧那么茂盛。
　　树干空心了,树木为什么还能活呢? 这是因为树干空心对树木并不是一种致命伤。树木体内有两条繁忙的运输线,生命活动所需要的物质靠它们秩序井然地向各个部门调运。木质部是一条由下往上的运输线,它担负着把根部吸收的水分和无机物质输送到叶片中去的任务,皮层中的韧皮部是一条由上往下的运输线,它把叶片制造出来的产品——有机养分运往根部。这两条运输线都是多管道的运输线,在一株树上,这些管道多到难以计数,所以,只要不是全线崩溃,运输仍可照常。树干虽然空心,可是空心的只是木质部中的心材部分,边材还是好的,运输并没有全部中断,因此,空心的老树仍旧可以照常生长发育。山东有棵数百年生的老枣树,空心的树干可容一个人避雨,但枣树却还年年结果呢!

gēn shì shuǐ yuán tàn cè yí
根是"水源探测仪"

shù gàn dǐ bù de shuǐ fèn yòu shì cóng hé ér lái de ne tā lái zì shēn rù tǔ rǎng zhī
树干底部的水分又是从何而来的呢？它来自深入土壤之

zhōng de gēn xì gēn xì de zhǔ yào zuò yòng chú le xī shōu shuǐ fèn zhī wài hái bāo kuò xī shōu
中的根系。根系的主要作用除了吸收水分之外，还包括吸收

yǎng liào gù dìng shù gàn hé xī shōu yǎng qì gù dìng shù gàn de rèn wù zhǔ yào yóu zhí gēn hé
养料、固定树干和吸收氧气。固定树干的任务主要由直根和

cè gēn dān rèn   zhí gēn shēn shēn de zhā rù dì dǐ   cè gēn zé yóu zhí gēn xiàng sì miàn bā fāng
侧根担任。直根深深地扎入地底；侧根则由直根向四面八方

shēn zhǎn kāi lái   qǐ dào wěn gù shù gàn de zuò yòng   tóng shí yě fù zé xī qū yǎng qì   xī
伸展开来，起到稳固树干的作用，同时也负责吸取氧气。吸

shōu shuǐ fèn hé yǎng liào de gōng zuò hěn dà chéng dù shang yóu xī shōu gēn jìn xíng   zhè zhǒng xī shōu gēn
收水分和养料的工作很大程度上由吸收根进行。这种吸收根

wèi yú cè gēn de wěi duān   duō rú niú máo   gēn xì de qí yì zhī chù   zài yú tā néng gòu
位于侧根的尾端，多如牛毛。根系的奇异之处，在于它能够

zì dòng xún zhǎo shuǐ yuán   shuǐ yuán chōng zú de fāng xiàng   huì yǒu gèng duō de gēn shēn guo qu   xī
自动寻找水源。水源充足的方向，会有更多的根伸过去，吸

qǔ shuǐ fèn   shù mù de gēn rú tóng zhǎng le yǎn jīng yì bān   néng zài hēi àn de tǔ rǎng zhī zhōng
取水分。树木的根如同长了眼睛一般，能在黑暗的土壤之中

jīng què de pàn duàn chū shuǐ yuán de suǒ zài   gēn de zhè yí tè yì zhī chù   yǐn qǐ le zhí wù
精确地判断出水源的所在。根的这一特异之处，引起了植物

xué jiā de zhù yì   tā men xī wàng tōng guò yán jiū gēn xì xún zhǎo shuǐ yuán de fāng fǎ   lái mí
学家的注意。他们希望通过研究根系寻找水源的方法，来弥

bǔ rén lèi zài xún zhǎo shuǐ yuán fāng miàn de bù zú
补人类在寻找水源方面的不足。

nián lún zhī mí
年轮之谜

rén yǒu nián líng   nà me shù mù ne
人有年龄，那么树木呢？

shù yě yǒu nián líng   zhè jiù shì tā de nián lún
树也有年龄，这就是它的年轮。

shù zài jù dǎo zhī hòu   zài shù dūn shàng kě yǐ
树在锯倒之后，在树墩上可以

kàn dào xǔ duō tóng xīn lún wén   yì bān měi nián
看到许多同心轮纹，一般每年

xíng chéng yì lún   gù chēng   nián lún   nián
形成一轮，故称"年轮"。年

lún shì zěn me xíng chéng de   tā yòu shì zěn yàng
轮是怎么形成的？它又是怎样

bǎ dà zì rán de biàn huà jì lù zài shēn de ne
把大自然的变化记录在身的呢？

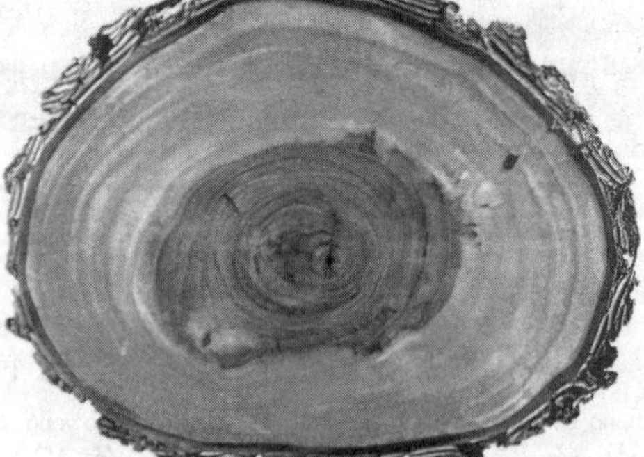

年轮的宽窄说明年景的好坏，年景好年轮长得较宽，年景不好年轮就很窄。

植物生长由于受到季节的影响而具有周期性的变化。在树木茎干韧皮部的内侧，有一层细胞特别活跃，分裂快，能形成新的木材和韧皮部组织，这一层称为“形成层”，树干增粗全是它活动的结果。春夏两季，天气温暖，雨水充足，形成层的细胞活动旺盛，细胞分裂较快，向内产生一些腔大壁薄的细胞，输送水分的导管多而纤维细胞较少，这部分木材质地疏松，颜色较浅，称为“早材”或“春材”。夏末至秋季，气温和水分等条件逐渐不适于形成层细胞的活动，所产生的细胞小而壁厚，导管的数目极少，纤维细胞较多，这部分木材质地致密，颜色也深，称为“晚材”或“秋材”。每年形成的早材和晚材，逐渐过渡成一轮，代表一年所长成的木材。在前一年晚材与第二年早材之间，界限分明，成为年轮线。

年轮——树木的这种独特的语言，不仅能为人们提供树木的年龄信息，还能记录和提示很多自然现象。从树桩、木块及大树身上可以看出年轮的宽窄。树木每年的生长在很大程度上取决于土壤的湿度：水

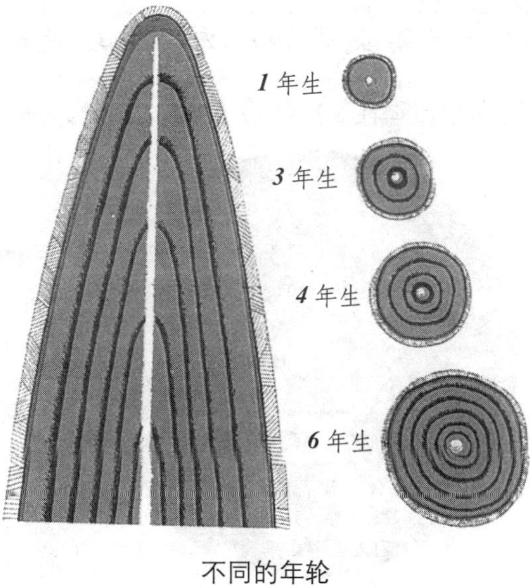

不同的年轮

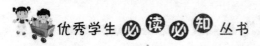

分越充分，年轮越宽。通过对同一地区树木年轮的比较，可以分辨出每圈年轮的生长年代。然后，可以划分出每圈年轮所代表的确切日期。但是，树木为什么会有年轮，这个问题至今无人能解。

蝴蝶树之谜

大理古城位于苍山洱海之间的坝区，西倚一字横列的苍山，东濒碧波荡漾的洱海。苍山雄伟壮丽；洱海清澈如镜，加之坝区的田园风光，构成了优美绚丽的高原景观，这山山水水之间所包含的丰富的历史文化遗存和民族风情，使大理古城更富灵气和魅力。大理是我国西南边疆开发较早的地区之一，远在四千多年前，大理地区就有原始居民的活动。现在，大理是我国有名的旅游城市。

大理还有个美丽的蝴蝶泉，是名扬中外的旅游胜地。可提起“蝴蝶树”就鲜为人知了。它也在云南境内，是宾川县米汤乡小鸡山前的一棵大树。每年的端午节前

xī jiù yǒu chéng qiān shàng wàn zhī cǎi dié cóng sì miàn
夕，就有成千上万只彩蝶从四面
bā fāng fēi lái jù jí zài zhè kē shù shàng bú
八方飞来，聚集在这棵树上。不
dào liǎng tiān chéng tuán chéng chuàn de cǎi sè hú dié jiù
到两天，成团成串的彩色蝴蝶就
guà mǎn zhī tóu suí fēng wēi wēi chàn dòng bǎ shù
挂满枝头，随风微微颤动，把树
zhī zhuì chéng wān yuè xíng zhè shí hòu zài mǎn shān
枝坠成弯月形。这时候，在满山
qīng sōng lǜ yè de chèn tuō xià zhè kē hú dié
青松绿叶的衬托下，这棵“蝴蝶
shù jiù xiàng shèng kāi zài wàn lǜ cóng zhōng de yì duǒ
树”就像盛开在万绿丛中的一朵
xiān yàn de huā tè bié hǎo kàn rú guǒ yǒu rén
鲜艳的花，特别好看。如果有人
yáo yí xià shù gàn shù shàng de cǎi dié jiù huì pū tiān gài dì fēi wǔ qǐ lái rú tóng màn tiān
摇一下树干，树上的彩蝶就会铺天盖地飞舞起来，如同漫天
huā yǔ wǔ cǎi bīn fēn xuàn lì wú bǐ dàn fēi qǐ de hú dié bìng bù lí qù hěn kuài
花雨，五彩缤纷，绚丽无比。但飞起的蝴蝶并不离去，很快
yòu chóng xīn luò dào shù shàng hǎo xiàng duì
又重新落到树上，好像对
zhè kē shù yǒu nán fēn nán shě zhī qíng
这棵树有难分难舍之情，
tā men yào zài zhè lǐ jù jí jǐ tiān zhī
它们要在这里聚集几天之
hòu cái zhú jiàn lí qù zhè zhǒng xiàn xiàng
后才逐渐离去，这种现象，
rén men yì zhí wú fǎ jiě shì
人们一直无法解释。

大理蝴蝶泉

fēng liú cǎo wèi hé huì tiào wǔ
“风流草”为何会跳舞

zài fēi lǜ bīn yìn dù yuè nán yǐ jí zhōng guó yún guì gāo yuán sì chuān tái wān
在菲律宾、印度、越南以及中国云贵高原、四川、台湾

děng dì de qiū líng shān dì zhōng shēngzhǎng zhe yì zhǒngnéng piān piān qǐ wǔ de zhí wù rén men jiào
等地的丘陵山地中，生长着一种能翩翩起舞的植物，人们叫

tā fēng liú cǎo fēng liú cǎo hé yǐ qǐ wǔ zhí wù xué jiā pǔ biàn rèn wéi yǔ yáng
它"风流草"。"风流草"何以起舞？植物学家普遍认为与阳

guāng yǒu guān yǒu guāng zé wǔ wú guāng zé xī jiù xiàngxiàng rì kuí chòng zhe tài yángzhuǎndòng
光有关，有光则舞，无光则息，就像向日葵冲着太阳转动

yí yàng jù tǐ shēn rù yán jiū hái yǒu gè zhǒng fēn qí yǒu de guān diǎn rèn wéi shì zhí wù
一样。具体深入研究，还有各种分歧。有的观点认为是植物

tǐ nèi wēi ruò diàn liú de qiáng dù yǔ fāngxiàng de biàn huà yǐn qǐ de yǒu de guān diǎn rèn wéi shì
体内微弱电流的强度与方向的变化引起的；有的观点认为是

zhí wù xì bāo de shēngzhǎng sù dù biàn huà suǒ zhì yě yǒu de guān diǎn rèn wéi shì shēng wù de yì
植物细胞的生长速度变化所致；也有的观点认为是生物的一

zhǒng shì yìng xìng tā tiào wǔ shí kě duǒ bì yì xiē yú chǔn de kūn chóng de qīn hài zài jiù
种适应性，它跳舞时，可躲避一些愚蠢的昆虫的侵害，再就

shì shēngzhǎng zài rè dài liǎng méi xiǎo yè yí zhuàn kě duǒ bì kù rè yǐ zhēn xī tǐ nèi shuǐ
是生长在热带，两枚小叶一转，可躲避酷热，以珍惜体内水

fèn fēng liú cǎo jiū jìng wèi hé zhòuzhuǎn yè tíng réng cún zài zhe hěn duō yí wèn yào jiě
分。"风流草"究竟为何昼转夜停，仍存在着很多疑问，要解

kāi zhè ge mí hái xū yào zhí wù xué jiā men jì xù shēn rù tàn suǒ
开这个谜还需要植物学家们继续深入探索。

yángguāng xià de wǔ dǎo
阳光下的舞蹈

fēng liú cǎo míng yuē cǎo shí jì
"风流草"名曰"草"，实际

shàng shì yì zhǒng luò yè xiǎo guàn mù tā yì bān
上是一种落叶小灌木。它一般

gāo lí mǐ jīng yuán zhù zhuàng fù yè hù
高15厘米，茎圆柱状，复叶互

shēng tā de yè zi yóu sān méi xiǎo yè zǔ chéng
生。它的叶子由三枚小叶组成，

zhōng jiān yí yè jiào dà chéng tuǒ yuán xíng huò pī
中间一叶较大，呈椭圆形或披

zhēn xíng liǎng biān cè yè jiào xiǎo chéng jǔ xíng huò
针形，两边侧叶较小，呈矩形或

xiàn xíng fēng liú cǎo duì yángguāng fēi cháng mǐn
线形。"风流草"对阳光非常敏

gǎn yì jīng tài yángzhào shè liǎng méi cè xiǎo yè
感，一经太阳照射，两枚侧小叶

正在舞动的"风流草"

会自动地慢慢向上收拢，然后迅速下垂，不停地画着椭圆曲线，不倦地来回旋转。这种有节奏的动作就像舞蹈家舒展玉臂，翩翩起舞。“风流草”跳起“阳光下的舞蹈”真是不知疲倦，傍晚时分它才停息下来。有趣的是，一天中阳光愈烈的时候，它旋转的速度也愈快，一分钟里能重复好几次。

死而复生的草

你听说过有一种能死而复生的植物吗？蕨类植物中的卷柏就有这种本领。将采到的卷柏存放起来，叶子因干燥而蜷缩成拳状，猛一看，似乎已经死了。可是，一旦遇到水分，它又可以还阳“复活”，蜷缩的叶子又重新展开。如果把它栽在花盆里，过一段时间又可长出新叶。卷柏并不大，高不过5～10厘米。

卷柏

干卷柏

主茎短而直立，顶端丛生小枝，地下长有须根，扎入石缝中间，远远看去很像一个个小小的莲座。卷柏为什么具有死而复生的本领呢？

经科学家研究发现，卷柏细胞的原生质耐干燥，脱水的性能比其他植物强。一般的植物经不起长期干旱，细胞的原生质长期脱水而无法恢复原状，细胞就因此而干死。卷柏则不同于一般植物，干燥时枝条卷缩，体内含水量降低，获水以后原生质又可恢复正常活动，于是，枝条重新展开，再显出生机勃勃的样子来。

会捕猎的草

捕蝇草是美国南、北卡罗来纳州的土产，属许多食肉植物中的一种。它靠把动物的蛋白质消化成简单的可溶氨基酸为生。它的叶子长在中间，它那像丝一样的叶子平时是伸展着的，露出鲜红的叶心，当昆虫落在它的上面时，那伸展的叶子立刻就会合起来，紧紧地夹住昆虫，而后这种植物的消

捕蝇草正在进食。

huà yè biàn zài xiǎo kūn chóng shēn shàng qǐ zuò yòng
化液便在小昆虫身上起作用。

bǔ yíng cǎo cóng bǔ zhuō kūn chóng dào bǎ tā xiāo huà zhè yí guò chéng tōng cháng yào tiān ér
捕蝇草从捕捉昆虫到把它消化这一过程通常要10天，而

hòu zài cì zhāng kāi bǎ bù néng xiāo huà de bù fèn rú chì bǎng hé lín piàn pái chú diào
后再次张开，把不能消化的部分（如翅膀和鳞片）排除掉。

zhū lóng cǎo shì wéi nà sī bǔ yíng cǎo de jìn qīn shēng zhǎng zài měi guó běi fāng yǒu yí
猪笼草是维纳斯捕蝇草的近亲，生长在美国北方，有一

ge bú dà xíng rú shuǐ guàn zi de náng dài cóng tā de yè jiān zhǎng chū dāng xiǎo kūn chóng bèi tā
个不大、形如水罐子的囊袋从它的叶间长出。当小昆虫被它

de qì wèi yòu rù quān tào pá guò guāng huá de guàn kǒu shí wǎng wǎng shī zú diào jìn guàn dǐ
的气味诱入圈套、爬过光滑的罐口时，往往失足掉进罐底。

dài nèi shēng zhǎng de nóng mì yìng máo shǐ dé zhè ge xī shēng pǐn wú fǎ pá dào guàn wài bìng qiě hěn
袋内生长的浓密硬毛使得这个牺牲品无法爬到罐外，并且很

kuài sǐ yú yǒu dú de xiāo huà yè zhōng
快死于有毒的消化液中。

捕蝇草

zuì gāo míng de shā shǒu huò xǔ yào shǔ
最高明的杀手或许要数
lí zǎo le lí zǎo tōngchángshēngzhǎng zài
狸藻了。狸藻通常生长在
rè dài dì qū de chí táng huò liú dònghuǎn
热带地区的池塘，或流动缓
màn de xiǎo xī liú lǐ huò zhā gēn yú yū
慢的小溪流里，或扎根于淤
ní huò zhú fēng ér piāo tā de yè xì
泥，或逐风而飘。它的叶细
cháng yǒu duō gè yè miàn měi piàn yè
长，有多个叶面，每片叶
shàng dōu zhǎng yǒu yì dá gè zuǒ yòu
上都长有一打(12个)左右
de xiǎo dài náng zhè xiē xiǎo dài dōu shì bǔ
的小袋囊。这些小袋都是捕
zhuō qì rù kǒu shì yí ge zhǐ néngcóng wài miàn tuī jìn ér wú fǎ cóng lǐ miàn tuī kāi de mén kūn
捉器，入口是一个只能从外面推进而无法从里面推开的门，昆
chóngcóng zhè lǐ bèi xī jìn qù
虫从这里被吸进去。

bú shì suǒ yǒu bǔ zhuō kūn chóng de zhí wù dōu yǒu jī xiè zhuāng zhì bǐ rú máo zhān tái biàn
不是所有捕捉昆虫的植物都有机械装置，比如毛毡苔便
shì yòng bǔ yíng zhǐ bǔ zhuōchóng zǐ de běi měi ào dà lì yà hé nán fēi de máo zhān
是用“捕蝇纸”捕捉虫子的。北美、澳大利亚和南非的毛毡
tái shì yì zhǒng yǒu tián wèi de zhí wù tā de huā néng shā sǐ cū xīn dà yì de kūn chóng tā
苔是一种有甜味的植物，它的花能杀死粗心大意的昆虫。它
de zhēn diàn zhōng bù yǒu nián xìng hěn qiáng de jiāo kūn chóng yí dàn fēi zài shàngmiàn jiù huì bèi jǐn jǐn
的针垫中部有黏性很强的胶，昆虫一旦飞在上面就会被紧紧
zhān zhù rán hòu shǎnshǎn fā guāng de zhēn tóu wān xià lái bǎ kūn chóngchán zhù máo zhān tái
粘住。然后，闪闪发光的针头弯下来把昆虫缠住——毛毡苔
jiù kāi shǐ tā de měi cān le
就开始它的美餐了。

能识别酸碱的植物

有的植物能指示土壤的酸碱度，或是对空气中的有毒气体反应非常敏感。比如，美国的环境学者发现，有一种叫唐菖蒲的植物，对空气污染特别敏感。当空气中的氟化物达到一定的浓度时，它的叶子会因吸收氟过多而坏死，这就向人们发出了氟污染的报警信号。由于唐菖蒲对氟的敏感远远超过了人类，所以人们称它为“氟污染指示植物”。我国科学家发现，有一种叫芒萁的植物，分布于我国长江以南，大量生长于酸性土壤的山坡上，是“酸性土壤指示植物”。它对生态条件的考察具有重要意义。科学家还发现有的植物能指示土壤的黏度、湿度、水分平衡或其他一些化学成分，这些特性缘自什么，还有待发现。

唐菖蒲